携手研途 导学同行

——"三好三有"导学团队育人模式案例精选

主　编　任小龙

副主编　张君博　霍学浩　高宇星

参　编　秦　荣　张海战　王　丹

　　　　朱　洁　林　波　付凯元

　　　　罗　丹

西安电子科技大学出版社

内 容 简 介

　　本书共选编了 24 支"三好三有"导学团队的育人模式案例,集中展示了各导学团队在师德师风传承、导学关系培育、管理体系构建、培养模式创新、团队文化建设等方面所形成的特色鲜明、卓有成效的做法和经验,为高校探索导学思政模式、培育优秀导学团队提供了有益参考和借鉴。

　　本书适用于高校导师、青年教师和行政管理人员阅读,能够帮助导师和青年教师了解导学团队建设的新理念、新方法,帮助行政管理人员把握导学思政工作的新方向、新路径,助力研究生教育改革发展。此外,本书也适合各级教育主管部门及社会人群阅读。

图书在版编目(CIP)数据

携手研途　导学同行:"三好三有"导学团队育人模式案例精选 / 任小龙主编
. --西安:西安电子科技大学出版社,2024.3
ISBN 978-7-5606-7155-0

Ⅰ.①携…　Ⅱ.①任…　Ⅲ.①高等学校—思想政治教育—案例—中国　Ⅳ.①G641

中国国家版本馆 CIP 数据核字(2024)第 026681 号

策　　划　高　樱
责任编辑　高　樱
出版发行　西安电子科技大学出版社(西安市太白南路 2 号)
电　　话　(029) 88202421　88201467　　邮　　编　710071
网　　址　www.xduph.com　　　　　　电子邮箱　xdupfxb001@163.com
经　　销　新华书店
印刷单位　陕西天意印务有限责任公司
版　　次　2024 年 3 月第 1 版　2024 年 3 月第 1 次印刷
开　　本　787 毫米×960 毫米　1/16　印张 11.5
字　　数　200 千字
定　　价　39.00 元
ISBN　978-7-5606-7155-0 / G

XDUP 7457001-1

如有印装问题可调换

前　言

　　研究生教育肩负着高层次人才培养和创新创造的重要使命，是建设教育强国、科技强国、人才强国的重要支撑。近年来，伴随研究生教育事业的快速发展，导学团队逐渐成为高校开展科学研究和研究生培养的重要载体。导师和研究生对导学团队有着天然的认同、依附和归属关系，使其成为自发或有组织生成的、相对稳定的、兼具继承性和发展性的育人共同体。立足新时代研究生教育特点，如何充分发挥导学团队育人作用，不断增强导学团队育人水平，成为提升研究生教育质量，培养德才兼备高层次人才的关键。

　　西安电子科技大学自 2012 年成立党委研究生工作部以来，对标立德树人根本任务，以培养堪当民族复兴重任的时代新人为目标，抓住导学关系这一研究生培养过程中的基础性关系，以导学团队建设为主线，提出研究生思政教育"三融入"理念，即思政教育融入导学互动、融入团队建设、融入研究生培养全过程，在全国率先实施由导学团队主导的研究生思政教育，在校内全面推行导学思政。学校于 2016 年首创"师德师风好、师生关系好、培养模式好，有先进文化、有出色管理、有突出业绩"的导学团队"三好三有"建设目标。通过打造研究生思政教育新载体，学校开辟了"双育双创"导学团队建设新路径，建立了"8＋4＋1＋N"导学团队思政工作新机制，形成了特色鲜明的"三好三有"导学思政育人体系，凝聚了三全育人合力，促进了师生共育。

　　经过多年探索与实践，学校培育出一大批"潜心科研、矢志报国"的"三好三有"导学团队。各导学团队在师德师风传承、导学关系培育、管理体系构建、培养模式创新、团队文化建设等方面，形成了一系列特色鲜明、卓有成效的做法和经验。为了充分发挥优秀导学团队的示范引领作用，学校指导"三好三有"导学团队进一步总结工作经验和工作特色，撰写育人模式案例，并从中遴选出示范性强、推广价值高的优秀案例，编写导学团队育人模式案例集，推动导学团队育人工作传承发展，展示"三好三有"导学思政育人工作的新经验、新成效，为高校研究生教育改革发展提供有益参考和借鉴。

本书共选编了 24 支"三好三有"导学团队的育人模式案例，涵盖信息与通信工程、电子科学与技术、计算机科学与技术、机械工程、控制科学与工程、生物医学工程、网络空间安全、数学、物理学、管理科学与工程等多个学科领域；包括学术创新能力培养、科研实践能力培养、全球胜任力培养、自我发展能力培养等多个育人方向；涉及师生共育、红专结合、多学科交叉、产学研融合等多条工作路径；全面展示了不同规模、不同类型优秀导学团队的特色育人模式，为校内外导学团队开展育人工作、提升育人水平，提供了多样化的参照对象。本书使用统一的案例模板，每个案例由导学团队简介、育人背景概述、育人工作实施过程、育人成效、育人工作特色、经验和启示、师生感受等七部分组成，不仅能全方位、多维度地展现各导学团队的育人经验和特色，更便于广大读者进行阅读、比较和借鉴。

本书是西安电子科技大学"三好三有"导学思政育人工作所取得的一项阶段性成果，进一步丰富了导学团队育人共同体建设内涵，为更好地展示"三好三有"导学思政育人成效提供了全新的视角。任小龙、张君博、霍学浩、高宇星、秦荣、张海战、王丹、朱洁、林波、付凯元、罗丹参与了本书的编写工作。其中，任小龙确定全书框架并审定书稿，张君博、霍学浩、高宇星共同确定案例模板。在全书第一次校稿过程中，张君博、霍学浩、高宇星、秦荣、张海战、王丹、朱洁、林波、付凯元、罗丹共同承担了案例修改工作。在全书第二次校稿过程中，张君博、霍学浩、高宇星共同承担了案例修改工作，并完成全书统稿。马克思主义学院在本书的编写过程中给予了指导和帮助。感谢各导学团队为导学思政育人工作所作出的卓越贡献，感谢在本书编写过程中付出辛勤劳动的全体师生。

由于编者水平有限，书中难免存在疏漏和不足之处，敬请读者批评指正。

编　者
2023 年 6 月

目　录

坚持需求引领、自主创新、科研与育人相结合的培养模式

——图像传输与处理导学团队

▶▶▶ 导学团队简介

1984 年，吴成柯和陆心如教授创建了西安电子科技大学图像传输与处理研究所(简称图像所)和国内首批图像传输与处理专业，开展科研攻关。1995 年，吴成柯教授带领团队开展卫星遥感图像压缩算法和硬件系统研制工作，参与了我国一系列重大航天工程。目前图像传输与处理导学团队负责人为李云松教授，导学团队共有教授 5 人，副教授 11 人，讲师 5 人，助理研究员 1 人，博士研究生 18 人，硕士研究生 100 余人。

团队主要研究方向包括：高效图像数据压缩编码技术；视频图像压缩编码技术；航天芯片设计；高性能计算；基于视觉几何的图像信息处理；图像和视频通信技术以及运动目标识别跟踪技术。团队注重与国内外大学及诸多研究所合作，如与美国威斯康星大学、南加州大学、密西西比州立大学、马里兰大学等国际知名高校均有合作研究。同时，团队与中国载人航天应用系统总体部成立联合实验室，并设立有 SPIE(国际光学工程学会)西电学生会。团队还设有西安电子科技大学-国科环宇高速多源图像大数据编码与处理联合实验室，西安电子科技大学-美国赛灵思(XILINX)公司可编程系统联合实验室。

自从事星载图像、视频压缩编码与处理研究以来，团队始终围绕国家航天领域重大需求，坚持科研与育人相结合，组织师生开展科研攻关，深入研究可见光全色图像、多光谱图像、立体图像、红外图像和视频图像等各类卫星遥感图像的成像特性、高效压缩编码方法以及星载高速硬件系统实现方法，解决了我国现阶段卫星图像数据传输和存储的"卡脖子"问题，在满足图像质量要求的前提下提高了压缩比和图像压缩解压缩实时处理能力。

近年来，团队获得国家科技进步二等奖 1 项、教育部科技进步一等奖 1 项、国防科学技术奖二等奖 1 项、测绘科学技术奖一等奖 1 项，以及省部级奖多项。

团队紧密围绕我国"探月工程"中高效获取高保真影像数据的重大需求，先后成功研制了"嫦娥一号""嫦娥二号""嫦娥三号""嫦娥四号"等探测器上主载荷相机图像的压缩编码单元，为"嫦娥五号"完成了着陆器全景相机图像压缩单元，以及上升器采样和分离监视多通道相机多模实时编码单元的研制任务。目前，团队正在承担载人探月、"天问二号"、小行星探测等多项重要航天任务。团队相关研究成果也已经成功应用于"神舟七号"伴随小卫星、"天宫一号"目标飞行器、"天绘一号"测绘卫星以及一系列遥感卫星等多个重大工程中，创造了较大的社会和经济效益。

三十年时光只是历史长河的一瞬间，但团队中平凡的师生却走出了一条不平凡的路。与国家重大需求和实际应用紧密结合，是图像传输与处理导学团队开展科学研究和研究生培养的重要前提和最终目标。在中国首次火星探测任务"天问一号"的研制过程中，团队参与了其中多个科学载荷的图像和数据压缩任务，包括中分辨率相机和高分辨率相机压缩模块、矿物光谱分析仪图像压缩模块、环绕器次表层探测雷达原始数据压缩模块等。

▶ 育人背景概述

习近平总书记多次强调科技发展对于国家发展、科技工作者对于科技进步的重要性。研究生教育作为科技人才培养的重中之重，在新时代也被赋予了新的使命和责任。

为落实立德树人根本任务，促进研究生德智体美劳全面发展，图像传输与处理导学团队在研究生培养过程中，通过长期探索，形成了独具特色的培养模式：提升学生自主创新能力，塑造学生健全人格，增强学生体魄，同时保持良好的师生关系与和谐的团队氛围，促进学生全面发展。团队着手从以下三个方面开展工作：第一，传统的研究生教育多集中在科研能力培养上，学生难以充分提升自主创新能力，因此团队在充分提供思路与资源的前提下开展指导，尽最大可能提升学生自主科研的空间与自由度。第二，部分研究生存在焦虑与压抑情绪，极少参与体育锻炼，身心素质有待提升，因此团队十分注重研究生的心理健康和体育锻炼，在培养学生知识能力的同时，着力培养学生的健康心态和强健体魄。第三，研究生培养是双向的，需要师生共同参与，良好的师生关系是导学团队和谐发展的基础，因此团队高度重视建立良好的师生关系。一方面加强师德师风建设，使教师成为学生为学、为事、为人的表率，当好学生成长的引路人；另一方面教师主动和研究生开展学术交流和日常沟通，做学生的知心朋友，营造和谐融洽的导学氛围。

团队从实际出发，以教师引领、学生自主、师生共建为原则，充分发挥导师的指导作用和研究生的主观能动性，采用团队活动、项目组会等形式，引导研究生根据自身需求，充分参与到团队科研和丰富多彩的日常活动中来，帮助其得到全面的发展与提升。

▌▌▌▶ 育人工作实施过程

一、导师指引方向，师生共商共议

图像传输与处理导学团队充分发挥导师作为研究生成长发展指引者的作用。导师拥有长期的科研经历、前瞻性的学术视野和丰富的人生阅历，通过导师指引和师生共议，主要从两个方面开展育人工作：一方面，依托科研项目培养研究生学术科研能力；另一方面，依托导学团队日常活动促进研究生全面发展。

团队高度重视研究生创新能力培养，将研究生创新能力培养分为两个方面：一个是面向实践研究的工程培养，另一个是面向理论研究的学术培养。团队坚持以人为本，针对研究生的学术兴趣、专业特长和未来规划，按照工程实践和学术研究两个主要方向为每名研究生量身定制培养模式和发展计划，注重不同研究生培养模式的匹配性和适用性。为加强不同方向研究生之间的相互学习和互促共进，团队建立组会制度——学生讲解、导师指导、师生共同参与。对偏重学术路线的研究生增加基础编程、工具使用等方面的培养内容，增强此类研究生的基础实践能力；对偏重工程实践的研究生增加其参加学术前沿、理论知识等学术交流研讨的机会，增强此类研究生的理论功底。

在举办什么样的活动，如何举办活动的问题上，导师负责把握活动的方向和主题，学生结合自身需求积极向导师提出建议及想法，以此来丰富活动的内容和形式。通过师生充分讨论，形成活动方案，提升活动的针对性和实效性。在师生共同参与下，团队先后举办了"雅芯天图"杯篮球赛、羽毛球赛、趣味运动会、阅读节等一系列丰富多彩的活动，在活动中增进了师生友谊，增强了团队凝聚力。师生共同参与活动的策划和组织，也极大地提升了团队各项活动的针对性和参与度。

二、导师提供支持，学生自主开展

立德树人、服务需求、提高质量、追求卓越的团队发展理念需要充分发挥研究生的主观能动性。图像传输与处理导学团队的各类活动，均是在导师支持下由研究生组织完成的，这极大地提升了研究生的参与感和获得感。

在活动组织方面，团队师生共同确定活动内容与方案后，导师为研究生提供活动所需的各类资源支持，具体的实施环节则由研究生负责完成。研究生参与活动组织的过程，也是提升沟通能力、组织能力和人际交往能力的过程。举办活动需要协调参与各方，提前准备所需物资材料。活动过程中现场组织和突发情况的处理，活动结束后的总结与反思，对研究生来讲都是很好的提升能力和锻炼自我的机会。同时，开展活动能够促进研究生相互交流，增进实验室团结。在活动过程中，导师会及时出面协助解决研究生难以应对的情况或问题，并确保活动的价值导向正确。

团队高度重视研究生思想政治教育，把导学思政贯穿研究生培养全过程，注重对研究生理想信念、家国情怀的教育引导。团队将"一生做好一件事"作为治学宗旨，奉献进取，服务国家重大需求，深挖团队发展史、团队老前辈、团队杰出校友等思政育人元素，将团队师生数十年如一日开展科研攻关，解决航天图像处理芯片"卡脖子"难题的事迹融入研究生日常教育，引导他们树立坚定的理想信念，立志为中华民族伟大复兴作出贡献。团队多次组织师生赴红色教育基地参观学习，充分利用劳动节、建党节、建军节、国庆节等重要节日，由导师发起，由研究生组织，通过集中观影、座谈研讨、分享体会等形式开展丰富多彩的思政教育活动。

三、注重成效反馈，加强持续改进

导学团队开展工作需要健全的反馈机制，以便于师生之间的及时沟通和导学育人工作的不断提升。导学育人工作的对象是研究生，工作成功与否，在于学生的思想、能力和素质是否能得到完善与提升。图像传输与处理导学团队建立了有效的反馈机制，能对育人成效进行及时总结和持续改进。

团队在举办活动前，要形成明确的活动方案；活动结束后，对照方案及时总结分析。如果达到了活动目的，看是哪一些关键的因素促成了目的达成；如果没有达到活动目的，找出是什么原因导致的——是目标过高，与实际条件不符，还是活动方案出了问题，抑或是活动过程中出现了突发状况。针对每一个问题，师生们都要进行分析、讨论和总结，不断积累经验。团队始终给予研究生评判导学活动成效的最大话语权。针对活动中出现的问题，导师鼓励同学们提出想法和改进方案，然后由师生共同讨论其可行性，并优化形成新的方案。

四、坚持价值引领，强化学生组织

图像传输与处理导学团队的思政工作贯穿科学研究和日常活动两个方面，前者依托实验室课题及项目展开，后者以团队管理的 SPIE 西电学生会为基础。在长期的育人实践中，团队坚持价值引领，强化学生组织，逐渐形成了特色鲜明的思政育人模式。

第一，坚持价值引领，培养研究生的使命感和责任感。习近平总书记在中国科协第十次全国代表大会上强调，"科技攻关要坚持问题导向，奔着最紧急、最紧迫的问题去"——这正是团队三十余年来始终坚持的方向。团队始终以"创人类航天文明，铸民族科技丰碑"为使命，教育引导研究生把自身成长发展和时代召唤紧密联系，把自身未来规划和国家重大需求紧密结合。依托国家重大项目，结合日常组会交流，研究生在自主创新能力上得到了极大的提升。同时，团队以国家重大需求为切入点，在科研攻关的具体实践中开展导学思政，在师生中弘扬并传承锲而不舍的理念、严谨细致的态度、勇于攻坚的信心和无私奉献的精神，不断引领研究生的理想信念与价值观念。

第二，强化学生组织，倡导研究生积极参与管理。在团队负责人李云松教授指导下成立的 SPIE 西电学生会，依托国际光学工程学会和西安电子科技大学的丰富资源，以图像所导学团队为主体，面向全校研究生，提供丰富的科学前沿信息、专题讲座和专业培训，旨在为研究生提供广泛的学术交流平台。

团队研究生均为 SPIE 西电学生会会员。SPIE 西电学生会既是研究生相互交流的平台，也是研究生和导师沟通交流的桥梁。目前，SPIE 西电学生会在团队支持和指导下已经举办了一系列精彩活动。他们注重思想交流，坚持正确的价值导向。这些活动极大地丰富了同学们的日常生活，增强了师生友谊；活动创意均来自学生会的集体思考和决策，很好地契合了研究生的成长需求；师生们在参与活动的过程中共同勾勒出美好难忘的集体印记。

▮▮▮▶ 育 人 成 效

图像传输与处理导学团队在三十余年的研究生培养过程中，形成了"导师

培训""学生传帮带"和"引进来，走出去"等培养模式，不仅注重提高研究生的学术造诣，更重视培养研究生的国际化视野。

团队注重思想价值引领，促进研究生全面发展；通过组织形式多样的导学活动，丰富研究生课余生活，促进师生科研效率提高；团队构建了积极健康的精神文化、开放务实的创新文化、团结友爱的团队文化和勇攀高峰的科研文化。

根据学校相关管理规定，团队制定了图像所管理大纲，从作息时间、工作环境、项目管理、保密制度、网络管理和研究生考评等多个方面对师生进行引导和规范，构筑起科学的管理体系，保障团队快速发展。

在师生们的共同努力下，团队科研成果成功应用于探月工程、空间站、火星探测等重大项目；"雅芯天图"图像压缩芯片获得第五届中国"互联网＋"大学生创新创业大赛金奖；博士研究生秦皓楠入选全国高校"百名研究生党员标兵"，两次登上中央电视台"创业英雄汇"栏目，代表学校向国务院副总理孙春兰、教育部部长陈宝生等汇报团队工作并获高度评价；团队"三代人共铸航天魂"的故事得到了社会的广泛关注与高度认可。

▶ 育人工作特色

图像传输与处理导学团队的育人工作特色可以概括为六个"重视"，即重视教师指引、重视师生交流、重视学生自主、重视接续传承、重视合作共享和重视需求牵引。

(1) 重视教师指引。学生的成长和发展离不开老师的教育和引导。团队注重发挥教师对研究生的指引作用，不仅体现在科研工作中，更体现在研究学习生活的方方面面；不仅强调正式的指导，更强调日常的言传身教。

(2) 重视师生交流。师生之间充分、有效的交流，是确保育人工作符合教师方向要求，满足研究生发展需求的关键因素。团队有着良好的师生交流渠道和交流氛围，定期组织师生进行交流活动，为大家提供稳定、可靠、有效的交流保障。

(3) 重视学生自主。研究生教育旨在培养具备自主创新意识和创新能力的科研人才。为实现这一目标，必须强化对研究生自主能动性和独立性的培养。团队鼓励研究生举办各类活动，一方面为他们提供主动发挥的空间，提高他们的综合能力；另一方面帮助他们深入了解自身需求，尽快成长。

(4) 重视接续传承。学生的个人进步离不开师长的指导，更离不开团队的支持。团队接续传承的优良传统，为每位研究生定制合适的发展路径，确保培养模式与研究生个体特点和发展规划充分匹配，为他们提供充足的科研资源和发展平台，促进研究生成长成才。

（5）重视合作共享。团队设置有多个研究小组，各小组间资源共享，协同紧密，共同承担多个交叉项目，充分覆盖研究生的科研兴趣。

（6）重视需求牵引。团队以重大科研需求为牵引，致力于解决实际科研过程中的关键技术问题。团队注重培养研究生的工程实践能力，以项目为依托，帮助他们在科研之路上快速前行。

▶ 经 验 和 启 示

一、导师要做学生的引路人

研究生的兴趣和性格趋于成熟，但是他们对于未来的科研生活、人生规划仍较迷茫。因此，导师要做研究生成长的指引者，支持和鼓励研究生自主开展学涯规划和学术研究。同时导师还要做学生的坚强后盾，鼓励学生多做自主创新尝试，勇于挑战难题，为国家培养攻坚克难的人才。

二、研究生要发挥主观能动性

研究生个体在思维方式、性格习惯等方面有着明显的差异，在导学育人过程中需要因材施教。因材施教的前提是导师要对每位研究生的特点十分了解，这样才能采用有针对性的指导方法。因此，研究生要发挥主观能动性，明确自己的特长与需求，主动和导师交流、讨论自己的未来规划，共同确定适应自身成长发展的培养方式。

三、思政教育要融入日常工作

研究生的思想政治教育是一个日积月累、潜移默化的过程。团队经常性地开展各类导学活动，不仅能够丰富研究生的业余生活，帮助他们调节情绪，保持良好心态，更能够帮助他们在思想上受到教育，在能力上得到提升。实验室日常的项目攻关与组会讨论，是研究生接触国家重大科技项目，了解国际学术前沿的平台，不仅能够帮助研究生提升学术科研能力，促进师生教学相长，更是导师开展思想教育的重要抓手。因此，必须把研究生思政教育融入团队日常的科研工作和导学活动中，才能实现思政教育与科学研究同向同行，达到良好

的育人成效。

▶▶▶ 师 生 感 受

团队负责人李云松：导学团队开展育人工作，一方面要顺应时代与国家的要求；另一方面，要实现研究生的个性化发展。前者需要导师引导把控，后者需要研究生主动交流。图像所导学团队的"坚持需求引领，坚持自主创新，坚持科研与育人相结合"培养模式，在保证国家对研究生思想政治素养和自主创新能力培养要求的前提下，给予研究生充分的自主发展和自由选择空间，实现了二者的有机统一，有助于培养德才兼备的高层次人才。

团队教师吴宪云：日常的科研培训和丰富的导学活动，为师生交流和研究生成长提供了良好的渠道。一方面是教师的指引，一方面是师生之间的互相交流，互相成就，确保了研究生在导学育人过程中得到成长。

毕业生纪云杰：在图像传输与处理导学团队的求学时光里，师生之间关系融洽，既有项目上的锻炼与指导，也有丰富多彩的课外活动，让我能够在繁忙的学习工作中做到劳逸结合，留下了很多难忘的回忆。虽然已经离开学校，但我在工作中取得的成绩都会第一时间同团队老师们分享。

硕士生侯天祥：在图像传输与处理导学团队中，导师既是我们的老师，也是我们的朋友。除了科研上的指导，导师还经常与我们谈心交流，在日常生活、个人发展和就业应聘等方面尽可能地给我们提供关心和帮助。此外，导师还大力支持我们举办文体活动，让我们时刻感受到团队大家庭的温暖。

撰稿人：吴宪云
校稿人：张君博

"以研促教、以研促学"的研究生培养模式

——Shannon 导学团队

▶ 导学团队简介

通信工程学院 Shannon 导学团队创建于 2005 年，隶属于 ISN 国家重点实验室，负责人为 2018 年陕西省师德标兵白宝明教授。团队现有教授 3 人，副教授 12 人，讲师 4 人，在读研究生百余人。团队致力于信息与编码理论、编码调制技术、量子信息论及编码、网络信息论、网络编码、无线通信及信息安全等方面的研究。

团队注重"以研促教、以研促学"，先后承担国家级和省部级科研项目 20 余项，相关成果于 2012 年获国家科技进步二等奖。此外，团队申请授权国家发明专利达 50 余项，成员发表 SCI、EI 等高水平学术论文 200 余篇，出版著作 4 部，所提出的 Hash-Polar 码被 3GPP 国际组织确定为 5G 通信 Polar 编码三种候选方案之一，与电信科学技术研究院(CATT)联合提出的 LDPC(低密度奇偶效验码)入选 3GPP 5G LDPC 编码标准。

▶ 育人背景概述

信息论作为通信的基础理论，在当今信息社会中的重要性不言而喻，高校在面向通信信息领域培养高层次人才方面责任重大。Shannon 导学团队着眼于国家重大需求，以立德树人为宗旨，立志为国家、为社会培养一批批具有扎实的专业技能、严谨的工作学习作风和强烈的创新意识的高科技人才，使其不仅能够熟练地掌握科学的思维方法，还能够敏锐地发现问题、正确地分析问题并创造性地解决问题，同时实现德智体美劳的全面发展。

为了使学生对于信息论的知识和思想有更深入的理解，团队针对本科生、

硕士和博士的教学开展适配式教育。在本科教学中引入前沿研究，激发学生的学习兴趣；在硕士生的课程中引导学生将各自研究方向和课程紧密结合，注重论文的阅读和国内外研究现状的整理，提倡多思考、多实践、多总结；针对博士生的研究，要求其要深入探索信息论的数学基础，深入讨论经典码与现代码的知识，立足本领域的知识，把握研究热点，面向重大需求。据此，团队形成了具有专业特色的"以研促教、以研促学"的研究生培养模式。

▶ 育人工作实施过程

一、充分发挥表率作用，落实立德树人根本任务

团队教师坚持以立德树人为宗旨，以"学高为师，身正为范"为座右铭，不断提高自己的政治素质和业务水平，并且长期坚守在教学科研第一线，发扬爱岗敬业、勤奋工作的精神，加班加点、团结协作，在教学、科研、育人中积极发挥教育工作者的先锋模范作用。

多年来，团队负责人、陕西省师德标兵白宝明教授对所在学院的学科建设、人才培养和学术梯队的建设以及中国信息论协会的各项工作等均做出了重要贡献，为团队育人工作的开展做出了表率。"德为师之本"，作为一名教师，自身的修养是最重要的。无论是在工作中，还是在生活中，白宝明老师都能做到为人师表、以身作则，他的言传身教每时每刻都影响着周围的同事和学生。他独特的人格魅力极具感染力和号召力，增强了团队的凝聚力和向心力。

二、合理安排教学内容，实现以研促教、固本强基

团队教师主讲了线性代数、信息论与编码等与编码相关的本科生必修课程8门，开设了信号检测与估值理论、代数编码理论这两门研究生学位课程，还根据研究生培养需求，开设了现代数字通信与编码理论、信息论基础(高阶)、无线通信理论、组合数学和网络编码等提高课程。课程内容均与国际学术前沿保持一致，为学生后续从事相关编码研究工作提供了基础保障。

通信基础理论课内容丰富，相关的教材种类繁多、各有特点。因此，团队教师针对每门课程，分别为研究生推荐了3至5本参考书籍，其中既有经典教材，也有反映最新研究进展的学术专著、论文集，以帮助学生更好地夯实专业基础。在教学内容方面，团队教师经过深思熟虑后，在尊重基础理论系统性的

前提下，逐步引入新颖性和前沿性的拓展知识，甚至将日常科研项目研究中遇到的问题也作为补充内容，引导学生利用现有知识解决实际问题，实现教学和科研的有效结合。例如，在同步技术教学中，教师在指导学生解决 OFDM 系统中的同步问题的同时，还通过对该问题的分析和讨论以及研究方案的不断改进，使学生对研究过程有了亲身体验。

三、全力保障因材施教，助力科研创新水平提升

团队教师本着每个学生都是可造之才的观念，以兴趣为导向，培植学生的创新意识；以"老带新"为依托，培养学生的科研能力。在这样的教学氛围下，学生能够各得其所、乐于其所，服务于国家建设和社会发展。

研究生虽然已经具备较强的自学能力和学习经验，但仍缺少科研经历及写作训练。团队教师会结合每位研究生的特点，合理安排科研分工，帮助其取长补短，实现人尽其才。每周周会讨论，团队十分重视互动环节，鼓励学生就研究内容发表自己的看法或撰写小论文。即使是一些小想法，团队成员也会细致思考，挖掘亮点。有时，对于学生一些有新意的想法，教师会及时回应与肯定，有效激发学生的创新精神。

此外，团队还会基于同一研究课题，组建传帮带科研小组。例如，团队针对某一个项目，成立由科研经历丰富的博士生以及 2～3 名不同年级的硕士生组成的科研小组。组内，博士生主要负责统筹、指导工作，锻炼独立开展研究的能力；高年级硕士生在博士生的指导下负责算法设计工作，锻炼实践应用能力；低年级研究生根据相关程序做实现，在实现过程中熟悉研究内容，锻炼编程能力。如此，以完成同一研究课题为共同目标，小组成员戮力同心、共商共研，既能得到科研锻炼，还能得到共同促进和激励，同时培养了合作和进取精神。

四、精准做到张弛有度，营造导学共进良好氛围

"饭要一口一口吃，路要一步一步走"。搞科研是个长期的事业，要养成终身高效学习的习惯。而且，身体是革命的本钱，做科研也要善于安排时间、调节情绪，做到劳逸结合、寓教于乐。团队在科研工作开展之余，时常会组织素质拓展，安排体育运动和集体活动，通过一起打球、爬山、过生日，丰富研究生在校生活，让学生感受到家一般的温暖，保证每位学生都能身心愉悦地学习成长。在团队里，师生之间的沟通交流更趋向于朋友间的分享，不只是学术

问题，生活问题、情感问题都可以自由讨论。团队老师们会细心地发现学生们的情绪变化，及时疏导，并给出自己的建议。良好的沟通机制使得整个团队更有凝聚力、更加团结。

▶ 育 人 成 效

团队以兴趣为导向，主张相互协作、共同发展。近年来，团队发展势头迅猛，申请的科研课题数目显著增加，主持承担了国家 973 计划、国家 863 计划、国家自然科学基金、国家重点研发计划项目等重量级国家项目，在学术论文、发明专利、出版著作、编码标准制定等方面取得了丰硕成果。而且，团队为航天测控、无人机、移动卫星通信等系统研制的各类 FEC 编译码器，开发的基于 DSP 和 FPGA 的 IMT-A 协作通信节点硬件平台，均获得了用户单位的好评和认可。

在团队毕业生中，有的以白宝明教授为榜样，选择扎根高等教育一线，肩负起育人育才的使命；有的深受"为国家重大战略需求服务"的团队精神的感召，选择投身国防科工事业，担当起建设科技强国的职责；还有的以"要让更多科研成果转化为现实生产力"的团队目标作为自己的职业目标，选择入职行业先锋企业，勇挑起把所学转化为所用的重担。他们都在不断践行着"一脉相承，创新不止"的团队理念，秉承着"哪里需要往哪搬"的工作态度，在各个岗位上发光发热。

▶ 育 人 工 作 特 色

研究生教育的主要目标是培养学生的研究能力和创新能力，具体到通信技术领域则表现为课题选择能力、信息获取能力、文献综述能力、理论分析能力和工程实践能力等专业素质的培养。

Shannon 导学团队在教学方面，认真审视教育教学理念，在关注通信基础知识的同时，注重对学生的学习能力和探究精神的培养。教学全程不过分强调教师的"教"，而是侧重学生的自主探索和个人发展，重视每个学生的观点和看法的表达，努力激发全体学生的创新精神和科研潜能，让每位学生都能成为研究性教学的参与者，充分发挥具备个体特征的创造力；在师生关系方面，团队提倡重创新、重事实，积极营造学术开放、追求真理、严肃活泼的研究氛围，以师生共同发展为目标，构建融洽的导学关系，为五育融合注入生命活力。

▶▶ 经验和启示

　　建设一支能准确把握通信技术发展前沿、科研能力强、创新素质高的通信基础理论教学团队是 Shannon 导学团队的目标。正是团队针对教师群体和研究生群体的双向培养，促成了近年来团队的快速发展。

　　师资培养方面，团队深刻认识到教师的创新意识不强、知识结构不合理会对研究生高质量培养产生巨大的压力和不可估量的影响。因此，团队坚持教师综合素质的培养和提高，力求打造一支团结向上、素质优良的教师队伍，使团队每位教师都能做到"学高为师，身正为范"的表率作用。在研究生培养方面，团队创新性地采用启发式、主人翁式教育，鼓励学生要主动发现、分析学习、科研以及工作中的问题，并能够利用所学独立地解决这些问题，同时，还要发扬拼搏进取、勇于探索、团队协作的精神，沉着应对成长路上遇到的各种难题，不断进步，成就更好的自己！

▶▶ 师 生 感 受

　　团队教师朱敏：我很荣幸能在这个团队中与很多优秀的研究生共同开展科研工作。团队科研氛围轻松，倡导自主、自发地开展科研工作。在科研工作方面，团队老师始终扮演着"引路人"的角色，时常激励学生要发挥各自的优点和长处，学会在讨论中让思想碰撞出不同的火花；在思想教育方面，团队老师还会定期与学生进行思想沟通，从源头上解决学生的思想困惑，促进学生身心健康发展，为学生成长成才贡献自己的一份力量。

　　博士生陈佩瑶：白宝明老师是一位学识渊博且治学严谨的学者。在科研上，白老师一丝不苟的作风给我留下了深刻的印象。特别是他在修改论文时，会从格式、结构、用词等方面反复斟酌、精益求精；在生活上，白老师平易近人，总会像老父亲一样，耐心倾听我们的心声，无微不至地关心着、鼓励着我们。

　　毕业生李华安：白宝明老师为人谦和、平易近人、仁慈宽厚，在学术上学识渊博、治学严谨、见解深刻，是我的授业恩师，也是我的人生导师。读博期间，从确定研究方向、探讨研究方案、分析研究结果到撰写和修改论文，他都

给予我细致耐心的指导。每次与老师探讨，都会让我对问题产生全新的认识和理解。这几年在白老师的指导下，我掌握了一定的科研方法并具备了独立的科研能力，为今后的科研工作奠定了基础。此外，团队还给了我参与国家重大专项和国家自然科学基金项目等前沿课题的机会，让我能从实际需求层面发现问题，对我日后独立开展研究工作很有帮助。这几年，非常感谢老师对我的关心、帮助和付出，虽已毕业，但因自己所学未及老师所期，甚是惭愧，日后会更加努力，不负师恩。

撰稿人：万飞
校稿人：高宇星、朱洁

分类型分阶段的个性化研究生培养模式

——雷达成像探索算法导学团队

雷达成像探索算法导学团队以邢孟道教授为负责人，现有教师近 20 人，研究生 60 余人，主要研究方向为雷达探测与智能感知，包括稀疏微波成像、基于电磁散射模型成像、雷达前视关联三维成像、空时频多维成像处理、多模式 SAR 实时统一成像、多视角数据融合成像等。团队长期坚持"创新能力为核心，应用技术为关键，专业素养为基础"的团队合作共发展理念，在科研的道路上砥砺奋进、攻坚克难，取得了累累硕果。

1987 年，在国家 863 计划的支持下，保铮院士带领科研团队对逆合成孔径雷达(ISAR)成像方法进行了理论探索，并指导当时的邢孟道博士攻克了对高速目标的 ISAR 成像算法，获取了对国际空间站的 ISAR 成像结果。2002 年，在国家自然科学基金的支持下，邢孟道博士提出基于实测数据的运动补偿方法，该方法协助中电集团成功获取了第一幅清晰的 SAR 图像。随后，团队在机载成像技术比较成熟的情况下不断朝弹载、星载成像等新方向发展。近些年来，团队在邢孟道教授的带领下在 SAR 和 ISAR 领域不断拓展，借助于 973 计划课题发展出了稀疏超分辨成像、前视关联成像、电磁成像、微波光子成像等新的研究方向。

育人背景概述

团队负责人邢孟道教授师从被誉为"中国雷达裁判长"的保铮院士。20 世纪七八十年代，美国要卖雷达装备给我国，但却缩短了作用距离，去掉了大

斜视成像功能，并要求我国支付去掉这些功能所需要的费用。对于这些无理要求，保铮院士等国内"雷达人"毅然决定要走自主研发的道路，并将算法部分的任务交由当时的在读博士生邢孟道负责。随后，团队陆续攻克了大斜视高分辨成像算法等技术难题。团队自成立以来，一直肩负着科技自主创新的重任，传承着西电爱国为民的使命。

雷达成像探索算法导学团队致力于雷达成像技术的理论方法与工程实践研究，服务于军用和民用的相关领域，需要一批理想信念坚定、爱国情怀浓厚的科研人员的辛勤付出和不懈努力。团队始终将爱国情怀作为培养人才的重中之重，同时结合多年来培养研究生的经验，不断进行总结和改进，逐步形成了一套渐进式、阶梯式的研究生培养模式，即"以身作则，潜移默化；遵循规律，阶梯培养；因材施教，个性引导"。团队通过强化创造性思维培养，让研究生在行动上勤奋、严谨，在思想上自由、发散，逐渐成长为"有理想、有本领、有担当"的新时代青年科研工作者。

▶▶▶ 育人工作实施过程

一、以身作则，潜移默化

邢孟道教授 1993 年从祖国东部地区的浙江绍兴考入位于"丝绸之路"起点城市的西安电子科技大学。毕业后，他放弃了去北京、上海工作的机会，扎根西北 30 年，一直从事雷达成像方面的研究。邢老师自主创新、艰苦奋斗的经历影响着团队的每一位成员。

自 1997 年师从保铮院士以来，邢老师专注于雷达成像技术的理论方法与工程实践研究，30 岁便成长为教授、博导。骄人的成绩背后，不仅有不畏困难、勇攀高峰的艰辛，还有执着追求、爱国报国的情怀。邢老师经历过七八十年代西方对我国的技术封锁，深切认同"科技工作者要有强烈的家国情怀"。他在教书育人的过程中始终坚持以身作则，将"爱国情怀"放在人才培养的第一位。

多年来，团队培养出一大批优秀共产党员和党支部书记，大部分毕业生也都投身于国防事业，其中，有中国航天科技集团九院 704 所探测制导室主任张振华、中国航天科工集团二院 23 所副总师李军、中国航天科技集团 501 部海洋三号卫星载荷主任设计师张欢等。团队成员吕孝雷博士在新加坡南洋理工大学、美国伦斯勒理工学院从事研究工作多年后，毅然回到祖国，以中科院"百人计划"的身份被引进到中科院电子所……团队中还有许多来自中东部地区的博士生，毕业后扎根西部留校工作，如浙江丽水的全英汇、江西南昌的李亚超、江苏南通的丁金闪、湖北孝感的孙光才等，他们继续在教学科研领域深耕，多数已获聘教授、副教授，也有好几位成员已入选国家级人才。

2016 年 11 月，在邢老师的鼓励下，团队成员李亚超教授作为中组部、团中央第 17 批博士服务团成员，赴新疆哈密地区服务锻炼一年。作为专业的"行家里手"，李老师将雷达信号处理全国重点实验室的所学所研(电子围栏、光电一体化系统、雷达远距离探测系统等)搬上"实战场"。有一次，为了验收和评估维稳边防管控建设项目的智能化平台，他在哈密边境线上足足跑了四天，为祖国边防管控体系建设事业贡献出了自己的力量。

二、遵循规律，阶梯培养

团队结合多年的科研经历和研究生培养经验，总结出了人才培养的"五种类型、九个台阶"。其中，五种人才类型，一是工程实现型，二是技术推广型，三是新技术跟踪型，四是关键技术攻坚型，五是新方向探索开拓型。硕士生培养主要面向第一、第二种类型，着重提升学生的工程技术能力。博士生培养主要面向第三、第四种类型，着重引导学生跟踪世界上最新的研究成果，并尝试在过去无法攻克的关键难点上取得突破。第五种类型主要针对青年教师，着重激励他们探索开拓有广阔发展空间的新方向。"九个台阶"则代表人才成长的九个阶段，这是邢老师从保铮院士、众多优秀同行和自身的成长经历中总结出来的经验。邢老师认为，科研人员在成长过程中要上九个台阶：会解问题、会发现问题、会干项目、会找项目、会带团队、会找方向、会建平台、会开领域、会建学科。九个台阶分别对应着：博士毕业要会找问题、解问题，具有独立从事科研工作的能力；副教授应具备独立干项目、找项目的能力；教授应具备独立承担科研和培养人才的能力；"优青""青长"或"青千"应具备独立建设科研平台或大平台中套小平台的能力；"杰青""长江"或"卓青"应成为某个领域的专家并具有一定的话语权，或能开创一个新领域；科学院院士应开创新学科或使老学科焕发新活力，工程院院士应对国家重大工程有杰出贡献。

邢老师常常教导团队里的青年教师和研究生：每上一个台阶，都要付出翻倍甚至数倍的努力，不仅需要上天赐予的才能和天赋，更需要内心对科研的激情、责任和执着。正是缘于在人才培养过程中不断总结经验、提炼方法，根据

研究生所属类型，在不同成长阶段给予相应的指导和帮助，团队才能始终保持创造力，不断诠释并践行着"艰苦奋斗、自强不息、求真务实、爱国为民"的西电精神。

团队青年教师孙光才教授，本科毕业于西安邮电大学，以考研成绩第一名的身份进入团队学习。入学后，他每天花费大量时间追赶与同学们的差距，并在读博期间一直保持着高度专注的学习状态。在团队师生的指导和帮助下，孙光才取得了突出的科研成果，出色地完成了博士论文，被破格留校。团队对青年教师的指导方针是多层次协同发展，大家根据个人兴趣和特长选择不同的研究方向，彼此没有冲突和重叠。孙光才留校后依旧专注于自己的研究方向，他说，做科研、培养学生让他感到很幸福。

团队在研究生培养过程中，总结出一套"抓兔子"理论。首先是学习捡"死兔子"——已经被别人发现并验证过的知识是固定的、稳定的，属于"死兔子"，可以用来模仿和练习。然后是学习打一只在视野中奔跑的"活兔子"——导师指出兔子在哪里，并向研究生传授瞄准和射击的本领，让他们学会如何解决问题。最后是学习打一只看不到的"活兔子"——导师只是指明方向，告诉大家兔子在树林里，研究生要自己找到兔子并判断是否值得猎取、是否能够猎取，再用更高级的技巧去瞄准和射击，学会如何发现并解决问题。团队里的每个人都听过无数遍"抓兔子"理论，也都亲身经历过从初进团队时由导师"给兔子"到硕士毕业时会自己"打兔子"，再到博士毕业时会自己"找兔子"的成长历程。正是这种循序渐进的培养模式，促进了团队每一位研究生的快速成长。团队先后培养出多位全国优秀百篇博士学位论文奖获得者、陕西省优秀博士学位论文奖获得者、电子学会优秀博士学位论文提名奖获得者以及连续三年国家奖学金获得者。

三、因材施教，个性引导

早在邢孟道教授求学时，他的导师保铮院士就常常教导大家，"为国家解决问题，作出贡献才是个人价值所在""团队成员之间要成果共享，形成'火炉效应'""在行动上勤奋、严谨，在思想上自由、发散，这样，创造性思维才能不被压抑、束缚"。这些理念在雷达成像探索算法导学团队得到了进一步地传承和发展。团队近 30 名博士中，大部分毕业后都在国内外大学和研究机构从事雷达成像领域的科研工作，他们继承并发扬团队的文化和精神，始终坚定对人生、理想和未来的追求，不断攀登新的高峰。

团队对研究生有两个要求。一个是严要求，即从研一开始就要养成基本的科研素养：大到解决难题时的不退缩、敢冲锋；小到每一个 Word 文档的排版、每一页 PPT 内容的格式，都要体现认真细致的态度。一个是松要求，主要体现在选择研究方向时，会根据研究生的个人兴趣和职业发展规划制定不同的方案；在讨论研究思路时，会创造宽松的氛围，激励研究生解放思想、畅所欲言。实践证明，正是在这种和谐的团队氛围和师生关系的影响下，雷达成像探索算法导学团队才能在科研道路上不断凝心聚力、攻坚克难，团队每位成员才能充分发挥自身特长，在自己感兴趣的领域取得创新突破。

团队博士生陈潇翔对雷达成像技术有着浓厚的兴趣，团队根据他的性格特点，推荐他开展机载 SAR 成像技术研究。在科研过程中，陈潇翔充分发挥主观能动性，并保持积极的学习态度。遇到困难时，他及时请教导师或师兄师姐，寻求解决方案，不断更新算法。即使是已经解决的问题，他也会继续钻研，寻找更加创新高效的算法。开展机载 SAR 成像技术研究需要处理大量实测数据，当遇到质量较差的数据时，可能很长时间都没有好的处理方法。遇到这种情况，陈潇翔既不会轻言放弃，也不会敷衍了事，而是下定决心，一定要找到解决方案。正是这种不怕困难、坚持不懈的优秀品质帮助他攻克了一个又一个技术难关，取得了突出的科研成果，在毕业后成功入职中国航天科技集团八院 802 所，继续投身于中国航天事业。陈潇翔的科研精神和成长经历，正是对雷达成像探索算法导学团队育人理念和育人方法的完美诠释。

▶ 育 人 成 效

雷达成像探索算法导学团队多年来始终坚持有规律、有特色、有创新的研究生培养模式，并取得了累累硕果。

近五年来，团队先后承担了国家自然科学基金优秀青年项目、杰出青年项目和重大项目，国防 973 项目，国家 863 计划项目，"十三五"预研项目，以及众多的研究所横向课题。在新理论新算法研究方面，团队侧重于研究雷达成像的灵活性和精细化，提高了雷达成像效率，提升了图像的分辨率，增强了图像的可理解性。东风系列导弹、低中高空无人机侦察雷达，以及第三、四代战斗机等国产现役主战装备中均采用了团队研发的雷达成像算法。

在科研人才和技术人才培养方面，团队直接培养或协助培养的 6 名博士生获得了省级或学会优秀博士论文奖，40 余名博士生毕业后，或进入科研院所成为领导者与骨干力量，或在高等院校从事教学科研工作，进一步发扬团队在科学研究和人才培养方面的思想和理念。此外，团队有140余名硕士毕业生先后入职中兴、华为、百度、新浪和海康威视等知名电子信息企业，并逐渐成长为所在单位的中坚力量，为国家科技进步贡献着自己的力量。

▶ 育人工作特色

雷达成像探索算法导学团队结合多年的科研工作和研究生培养经验，总结发展出关于人才成长的"五种类型，九个台阶"理论，以及关于研究生培养的"抓兔子"理论。这些理论经验在实际指导团队成员工作过程中，取得了显著的科研创新成果和人才培养成效。其中，"抓兔子"理论更是形象描述了循序渐进的研究生培养过程，既能帮助研究生深刻理解每个阶段的研究目标和任务，也能让青年指导教师在培养研究生时有章可循，实现了研究生培养工作的系统化和规范化。

此外，团队的科研方向及其应用领域具有一定的特殊性，这就要求团队在研究生培养过程中要始终把爱国主义教育放在首位，深入贯彻习近平总书记在全国教育大会上的讲话精神，不断地在坚定理想信念上下功夫，在厚植爱国主义情怀上下功夫，在加强品德修养上下功夫，在增长知识见识上下功夫，在培养奋斗精神上下功夫，在增强综合素质上下功夫，为国防建设事业培养造就大批德才兼备的高层次人才。团队研究生在老师们的示范引领下，在团队文化的浸润影响下，艰苦奋斗，开拓创新，不断攻克雷达核心算法，铸就国防利器之魂。

▶ 经验和启示

人才是第一资源，也是导学团队发展壮大的原动力。雷达成像探索算法导学团队在多年的研究生培养过程中，经过不断提炼、总结和完善，逐步形成了特色鲜明的研究生培养理念，并实现了研究生培养工作的系统化和规范化。然而，人才培养不应该千篇一律，更需要因材施教，每一位教育工作者都深谙其道。团队在遵循人才成长普遍规律的前提下，根据研究生的个人特点，让他们自由选择研究方向、开放讨论研究思路，营造宽松的科研氛围，引导他们解放思想、直抒己见、激活灵感。与此同时，团队密切关注每一个研究生的心理动态，对于出现阶段性迷茫，甚至打算放弃学业的同学，会及时沟通并给予相应的心理疏导，帮助他们走出困境。在研究生培养过程中不可避免地会出现类似特殊情况，只有通过充分的沟通和科学的干预，才能成功地化解危机。实践证明，掌握科学的人才成长规律，辅之以个性化的学术指导和常态化的人文关怀，就一定能够培养出符合国家和时代要求的青年人才。

▶ 师 生 感 受

团队负责人邢孟道：树立远大的理想和抱负，解决国家需求中的问题，是从事科研工作的第一原则，这是科研人的眼界，更是一种情怀。我们不能太计较做项目的得失，这是培养研究生的准则。希望团队成员能够成果共享，形成"火炉效应"，更希望毕业生能够把团队精神和文化传承下去，坚定对人生、理想和未来的追求。

团队兼职辅导员刘文康：我大四就进入团队并开始跟随各位老师及师兄师姐们学习。在导师的帮助下，我很快便确定了星载 SAR 成像算法的研究方向，一步一个脚印不断钻研。团队提供了很好的科研平台和成长氛围，让我能够将所学的理论知识应用到实践中去。在海南、新疆等地参与外场实验、处理实测数据的难忘经历，极大地提升了我的创新能力，也增强了我解决问题的能力。

博士生李宁：进入团队读博已经有几年时间了，相信团队里的每一位同学都听过邢老师的"抓兔子"理论。这种循序渐进的培养模式帮助我快速入门，找准研究方向，并在相关领域开展探索和实践。这对我的成长而言是大有裨益的。

撰稿人：张榆红

校稿人：霍学浩、王丹

以红色基因引领国防使命的研究生育人模式

——阵列雷达处理导学团队

▶▶▶ 导学团队简介

　　阵列雷达处理导学团队隶属于雷达信号处理国家级重点实验室，现有教师 11 人，研究生 192 人，其中，师生党员 90 余人。团队在陕西省师德先进个人、国家杰出青年科学基金获得者廖桂生教授的带领下，始终面向国家重大需求，以培育国家栋梁之才、勇攀雷达创新高峰为己任，培养出一批批优秀的青年科技工作者，形成了一支扎实肯干、拼搏进取、团结友爱、硕果累累的高素质科研梯队。

　　团队负责人长期奋战在阵列雷达信号处理科研一线，在机载预警雷达空时自适应处理技术、分布式卫星新体制雷达的阵列信号处理理论等方面开展研究，研发的多项技术填补了国内相关领域空白，并在我国重大雷达型号中获得应用，在 MIMO 雷达、波形分集阵等新方向开展的前沿探索处于国际领先水平。团队先后获得西电首个国家自然科学基金委优秀创新研究群体资助、教育部创新团队资助，获批"综合电子信息系统"科技部国际科技合作基地，主持西电首个经费千万级的科技部重点研发计划战略性国际科技合作项目，并牵头国家 973 课题、863 高技术项目、国家自然科学基金以及总装预研等 30 余项国家级重要科研任务，获省部级科技进步一等奖 5 项、二等奖 7 项。

▶▶▶ 育人背景概述

　　当今世界正处于百年未有之大变局，全球发展和社会变革为中国高等教育的发展带来了新机遇和新挑战。在实现"两个一百年"奋斗目标的历史交汇期，高校研究生教育肩负着为国家培养高层次创新人才的历史重任，更关乎我国建成创新型国家、跻身世界科技强国这一奋斗目标的实现。导师作为研究生培养的第一责任人，他们对学生的言传身教、学术指导、成长引领贯穿于研究生生涯发展的全过程，因此导师对于研究生的培养直接关乎研究生教育的质量。

阵列雷达处理导学团队以解决国防重大需求中的实际问题为目标，坚持"潜心钻研、上下求索、严肃活泼、德才共载"的育人理念，以"雷达明敌我，天眼定强弱，国防育梦想，阵列出贤良"为口号，着力培养研究生投身国防的使命感与责任心，激发他们勇攀高峰的奋斗精神和勇于突破的创新精神，为国防领域输送了一批又一批具备技术骨干及学术带头人潜力的优秀人才。

团队十分重视研究生思想政治教育，注重对西电红色基因的传承，强调理论联系实际与"产学研用"相结合，从国防使命感培育和科研创新能力提升两个方面着手，创新开展人才培养和团队建设，通过营造良好的实验室环境和团队文化氛围，建设优秀研究生导学团队，并取得了突出的育人成效。

▶▶▶ 育人工作实施过程

一、强化思政学习，推进红色基因传承

阵列雷达处理导学团队始终面向国家重大需求，以攻克雷达领域"卡脖子"技术难题为研究方向，不断强化研究生的国防使命感与家国情怀，引导他们树立远大志向，并始终保持勇攀高峰的昂扬斗志。团队以科研创新能力提升为抓手，切实提高研究生培养质量，通过系统的教育引导，帮助研究生认识科研创新能力的重要性，并以此激励他们努力克服自身局限性，培养吃苦耐劳、百折不挠的研究精神和勇于超越、开拓进取的创新精神。

团队始终坚持把西电的红色通信精神融入研究生人才培养体系，鼓励研究生积极参加学校组织的名师大讲堂、学术论坛、社会实践等活动，培育塑造实事求是的科学精神和服务国家科技战略的家国情怀。此外，团队成立了"阵列雷达处理导学团队科研组党支部"，以支部建设引领团队建设，通过定期开展支部活动，组织党史学习教育，邀请老专家、老教授作报告，赴红色景点研学实践等，不断强化研究生的爱国情怀与国防使命感，引导他们以服务党和国家重大需求为己任，坚守初心使命，作出卓越贡献。

鲜明的红色基因是西电使命意识和家国情怀的集中展现。阵列雷达处理导学团队师生始终牢记西电作为我党我军第一所工程技术学校的光辉历史，始终

践行西电作为中国红色通信人才摇篮的初心使命，不断把红色基因转化为教育报国之志和科技强国之力。通过开展各类主题党日活动，研究生们对我国雷达国防事业和西电光辉校史有了充分了解，这更加坚定了他们成长为国家优秀电子科技人才的决心。团队研究生立志要传承和弘扬老一辈西电人的光荣传统和优良作风，以习近平新时代中国特色社会主义思想为指导，完成好科技报国的时代使命，将学习教育成果转化为攻坚克难、干事创业的强大动力，以扎实的工作成效回报学校和老师的细心栽培，奋力书写西电未来新篇章。

团队以系列红色教育活动为抓手，深入挖掘校史资源，把西电红色资源融入团队建设，用西电红色精神塑造师生灵魂，促进团队导学思政育人工作与西电红色文化相互融合，引导研究生全面了解西电对于中国革命和建设所作出的历史贡献，激励他们继承革命前辈的红色精神，肩负起历史赋予的使命和担当，坚持努力奋斗，奉献新时代。

二、促进师生融合，营造良好团队氛围

阵列雷达处理导学团队定期组织思政学习，提高师生思想政治水平，积极开展导学思政领域理论文章和实践案例研讨交流，通过多种渠道获取相关工作的理论知识和教学技艺，强化对导学思政育人工作重要性和必要性的认识，积极将"导学思政"嵌入"导师—研究生"关系中，再结合多维度多层次互动，实现对教师和研究生的思想塑造、行为引导和价值引领。

在学习科研之余，团队经常开展丰富多彩的文体活动和社会实践活动，营造良好的团队文化氛围。团队负责人带领师生参加长跑运动、集体沙龙、合唱比赛、乒乓球比赛、羽毛球比赛等文体活动，组织师生爬山踏青，在运动健身的同时为师生提供了互动交流的机会，使师生彼此更加熟悉，团队关系更加和谐。除此之外，团队还鼓励研究生走出校园，积极参加志愿服务、扶贫帮困等公益活动，使同学们在强健体魄、开阔视野的同时，更加深入地了解社会，尽己所能地服务社会。通过组织各类师生活动，师生们的自豪感和团队凝聚力得到了很大提升。

此外，团队坚持把个别教育和集体教育相结合，调动同学们的积极性。团队教师会定期与研究生交流谈心，了解其学习生活情况，用团队温暖、师生情谊关爱每一个同学。教师对团队成员的每一次进步都及时给予肯定和表扬，对团队成员在科研和生活中遇到的每一次困难都给予及时帮助。团队注重因材施教，在充分发挥团队教育作用的同时，给予每位学生充分的理解与信任，帮助

他们实现自我价值与自我肯定，鼓励每位学生在团队中找到自己应有的位置，做到在共性中找个性，并通过共性影响和发展个性。每位学生都对能够成为阵列雷达处理导学团队的一员而感到庆幸和自豪。

三、健全组织机制，坚持理论联系实际

阵列雷达处理导学团队致力于打造自由民主的科研合作、学术信息交流模式，坚持理论联系实际，构建良好的科研工作组织形式，强化团队科研热衷度，不断优化团队软环境，在开展科研合作领域发挥示范带头作用。

团队重视"产学研用"，与国内外众多高校、研究所等机构开展合作，加强科技交流，促进技术开发与应用，同时促进相关机构对西电"三好三有"研究生导学团队的了解和认可，提升学术影响力。团队注重将"产学研用"结合作为研究生培养的一个切入点，积极与中国航天科技集团、中国电子科技集团、中科院电子所等国内雷达领域主要科研机构开展项目合作，让研究生参与到项目工作中去，理论结合实际，灵活运用所学知识解决实际技术难题，深入了解国防科技发展动态，切实体会攻克国防技术难题的不易，以及成功后的兴奋和喜悦，强化他们的国防使命感。团队强调校企在学术上互帮互助，积极整合多方优势资源，帮助团队成员依托领军企业在重大工程项目中凝练科学问题，针对行业实际需求开展科学研究。

团队注重与其他科研团队之间的交流沟通，不断加强与国内外各高校科研团队的合作，为不同团队之间相互了解、相互借鉴创造机会，发挥示范带头作用，实现共勉效应，促进新技术开发、成果转化，以及双向教育的人才培养。团队定期组织国际学术交流会议，邀请国内外知名学者作学术报告，先后与美国、英国、澳大利亚、加拿大、意大利等国家，以及香港地区等高校建立了留学、访问、学术交流等合作研究关系。团队研究生先后赴世界知名大学访学20余次，参与国际学术会议40余次，多名博士生赴境外参加联合培养项目。

团队坚持"理念新、善管理、求合作、讲实效"的建设理念，坚持"职责上分、思想上合，工作上分、目标上合"的工作要求，构建了组织健全、职责明确的科学管理体系。团队定期组织研讨例会，每周开展交流活动，引导师生在学习和科研各领域开展深入讨论，促进学术上的交流碰撞，提高研究生发现问题、解决问题的能力。通过鼓励研究生大胆拓展思维，提出质疑，培养他们的创新能力、实践能力和协同精神。团队还定期邀请优秀毕业生与在校学生开展线上交流讨论，一方面帮助在校生了解行业内的最新研究动态、热门研究方

向和亟待攻克的技术难题；另一方面实现了对爱国精神和国防使命感的传承，通过帮助在校生科学规划未来科研和职业发展方向，引导他们树立投身国防事业的决心。

▶▶▶ 育 人 成 效

多年来，团队负责人充分发挥指导者和引路人的作用，培养了大批优秀的博士、硕士毕业生。团队毕业生有的在高校从教，将优秀师德师风不断传承；有的就职于航天、电子等军工集团研究所，投身国防事业，成长为相关领域技术骨干和带头人。其中，多人荣获了全国优秀博士学位论文提名、中国电子学会优博、陕西省优博、陕西省杰出青年基金、陕西青年五四奖章、陕西省青年科技新星、"陕西好青年"、中国科协青年人才托举、"最美三秦"青年科技之星、雷达未来之星、香江学者等荣誉。在师生们的辛勤付出下，团队多次获得省级教学成果奖一等奖、二等奖，以及校级教学成果一等奖等奖项。秉持因材施教、鼓励思维拓展、促进学术互帮互助的理念，团队有效整合各类优质资源，实现了优秀研究生人才团队建设。

团队师生始终不忘国防使命，发扬吃苦耐劳、积极进取、勇往直前的创新精神和向上精神，攻克多个国防技术难关，发表学术论文 500 余篇，撰写著作 5 部，获国家授权专利 200 余项，青年教师中逐渐成长出一批"国防科技卓越人才""国防领域青年拔尖人才""国家万人计划科技创新领军人才"和"强国青年提名科学家"等。

团队导学关系温馨有爱，学术氛围浓厚和谐，师生们虽承载着来之不易的荣誉和光环，却从未懈怠止步。大家把荣誉藏在记忆里、融入血液中，化为持久的激情和动力，不断创造出更多的欣喜与辉煌。

▶▶▶ 育人工作特色

团队秉持言传身教、潜移默化的育人理念，践行品德树立、梦想培养、拼搏奋进"三位一体"的培育模式，以解决国防重大需求中的实际问题为研究背景，强化研究生的国防使命感与责任心，引导同学们树立远大志向，化理想为动力，养成力争上游、勇攀高峰的向上精神。在创新培养方面，团队形成了以定期例会、研讨和交流为核心的科学规划与管理模式，着力提升研究生发现问题、解决问题的能力。

团队注重与国内外众多高校、研究机构开展合作，不断加强科技交流，拓展科研渠道，促进新技术开发与实际应用、成果转化，以及双向联合教育的人才培养，提升团队全面发展能力，为校内外各科研团队架起互相学习、共同合作的桥梁。

团队积极开展思政教育，推进红色基因传承，坚持以学生为中心，营造良好团队氛围，落实立德树人根本任务。团队鼓励研究生走出宿舍，到实验室去、到操场去、到图书馆去、到师生研学活动中去，在交流和实践中增长才干。团队还安排教师指导研究生开展党团建设、课业拓展、科研探讨、科技创新及各类文体兴趣小组等课外研学活动，把师生研学共同体打造为密切师生关系、促进师生交流、推进导学思政、缓解一线辅导员工作压力的有效载体，充分发挥教师立德树人作用。

▶ 经验和启示

导学思政育人工作可贯穿于研究生培养全过程。研究生招生选拔、论文选题、学习科研、出国交流、参加活动等各环节，都可以成为开展导学思政育人工作的重要抓手，蕴藏着广阔的育人空间。

导师是研究生培养第一责任人，导学关系是研究生培养过程中的基础性关系。构建符合新时代研究生教育特点的"导学思政"育人体系，对于实现全员育人、全过程育人、全方位育人的"三全育人"工作目标具有重要意义。教育应面向每一个学生，使他们都能得到充分和谐的发展。依托导学互动开展思想引领，能够激励导师更加深入、全面地了解研究生群体的思想状态和现实需求，从而更加有针对性地调整和创新研究生培养模式，做到一人一策、个性化培养，实现育人效果的最大化。

▶ 师 生 感 受

团队负责人廖桂生：阵列雷达处理导学团队以推进红色基因传承、解决国家重大需求为引导，坚持理论联系实际，促进技术合作交流与应用，着力培养"德守于心、志立于行""不忘初心、牢记使命""登雷达高峰、铸国防金盾"

的社会主义建设者和接班人。团队科研文化环境良好，育人模式亮点纷呈、成效卓越，可以为国防领域不断输送能够成长为技术骨干及带头人的优秀毕业生。

青年教师刘婧：团队十分重视思想政治建设，坚持落实立德树人根本任务，不断促进研究生成长成才，努力为一流科研成果产出、一流大学建设和研究生"三好三有"育人品牌培育贡献力量。团队将继续传承红色基因，践行"产学研用"，发挥示范带头作用，不断提高科研效率，营造良好学术氛围，为学校研究生导学思政育人机制改革作出应有贡献。

毕业生张晓文：团队老师们就像一个个大宝库，每一次和他们讨论问题，总能指出问题的本质，每一次学术交流碰撞，总能给人带来意外的惊喜。在团队学习的那段时光，这样深入严谨的交流和讨论让我受益匪浅，极大地开阔了我的眼界。老师们对我工作成果的肯定和工作不足的质疑，都让我深深地感受到能在这样一个团队学习是多么幸运。走上工作岗位以后，我仍在不断地把团队精神发扬光大。

博士生姜孟超、李浩冬：每次遇到难题，老师们总会抽出大量时间与我们一同解决。正是老师们的尽心、尽力、尽责，帮助我们在科研的道路上顺利前行。廖老师经常用探讨的方式来指导我们，不仅提高了大家的科研能力，更让大家感觉很温暖。他严谨认真、亲切负责，时刻关心着我们的学习和生活，并以身作则教导我们做人、做事、做学问。在这个大家庭里，我们感受到了团结友爱的生活氛围和刻苦勤奋的学习态度，这激励着我们不断成长、时刻进步、勇攀高峰！

撰稿人：刘婧、廖金玲、王柯祎

校稿人：霍学浩、王丹

新时代导学团队"1＋1＋3"育人模式

——多模态推理与认知学习导学团队

▷ 导学团队简介

多模态推理与认知学习导学团队是我国最早成立的一批多模态信息感知与处理团队之一。团队积极响应国家新一代人工智能发展规划，瞄准国家多模态智能信息处理的重大需求和国际学术前沿，将机器学习的理论知识与计算机视觉和自然语言处理等多学科知识进行有机结合，形成了面向现代社会中复杂场景多域联合的跨模态信息处理技术体系。团队深耕人工智能、机器学习和计算机视觉领域，立足于严谨的理论研究，着眼于复杂场景下的应用落地，致力于多域联合下跨模态数据挖掘、表达、推理与应用算法研究和系统开发，研究方向包括但不限于多模态表示学习、深度模型分析、视觉内容生成、知识发现推理。团队目前已在 CCF A 类会议/SCI 一区期刊上发表论文百余篇，相关成果获陕西省自然科学一等奖。团队负责人邓成教授为教育部长江学者特聘教授、陕西省教学名师、陕西省师德标兵，入选国家"百千万人才工程"、教育部新世纪优秀人才支持计划。团队现有教师 6 名，博士研究生 20 名，硕士研究生 18 名，形成了具有"跨领域、多层次、全视角、产学研结合"的多技术融合创新团队。

▷ 育人背景概述

习近平总书记关于研究生教育工作的重要指示，为新时代研究生教育改革发展指明了前进方向，提供了根本遵循，注入了强大动力。为深入贯彻落实指示精神，多模态推理与认知学习导学团队积极开展研究生导学思政育人机制改革，组建硕博贯通的"科研组"党支部，坚持"思政引航、导师引路、创新引领",创造性地构建了以一个根本任务为指引,以一种基本策略为遵循,以三项主要举措为路径的新时代导学团队"1+1+3"育人模式,把立德树人根本任务贯穿研究生培养全过程。

一个根本任务指的是,团队以立德树人根本任务为指引,将思想政治教育渗透到日常管理和研究生学习生活的方方面面,营造以德为先的团队文化氛围。一种基本策略指的是,团队在研究生培养过程中遵循因材施教原则,为每一位学生提供适合的教育、可选择的教育,让同学们享有更多幸福感和获得感。三项主要举措指的是,团队在育人实践中坚持言传身教实现榜样育人,坚持思想互通实现心理育人,坚持关心关爱实现情感育人,三管齐下提升育人实效。

▶▶▶ 育人工作实施过程

一、以立德树人为指引,夯实育人之基

习近平总书记指出:"高校立身之本在于立德树人。"团队在研究生培养过程中,不仅注重专业知识的传授和科研能力的培养,更坚持德育为先,积极开展社会主义核心价值观教育,帮助研究生树立正确的世界观、人生观、价值观和荣辱观。

团队定期组织思想政治学习,内容涵盖"四史"教育、系列讲话和中国传统文化经典等。团队负责人带头和同学们畅谈对《曾国藩家训》的学习感悟,引导学生树立正确的人生理想和处事态度。在日常生活和科研过程中,团队导师以身作则、率先垂范,通过一言一行,潜移默化地影响研究生成长,这种影响体现在修改学生论文时一丝不苟的严谨态度中,体现在传统节日里为学生发放的粽子月饼等特色美食中,更体现在毕业贺卡上亲笔写下的谆谆叮嘱中。团队博士生李超在毕业论文致谢中写道:"师生关系本质上是一个交心的过程,用真心换真心,就能体会到老师的良苦用心,就可以凝心聚力,跟着团队大家庭共同进步。"

"先学会做人,再学会做事",这是团队一贯坚持的育人理念。为了全面践行立德树人使命,团队不断加强制度创新与氛围营造,把德育思想贯穿团队建设和各科研小组管理的方方面面,激励研究生的科研精神和生活状态,促进团队高质量发展。以此为基础,团队积极探索复合型人才培养之路,立足专业特点,总结出研究生成长所必需的两种能力,即"数学好、英语溜、编程强"

的专业能力和"懂沟通、善表达、会展示"的综合能力。除了日常科研训练，团队十分重视对研究生综合能力的培养，并提供了丰富的锻炼机会和展示平台。团队研究生每周在例会上分享研究心得并进行英文总结，锻炼表达能力；每年参加国际学术交流活动，开拓国际视野，显著提升综合能力。

二、以因材施教为遵循，增强育人之效

人民教育家陶行知先生认为，"培养教育人和种花木一样，首先要认识花木的特点，区别不同情况给以施肥、浇水和培养教育，这叫因材施教"。团队始终践行这一育人理念，摒弃"千人一面"的教育模式，努力实现"百花齐放"的教育效果。

团队会根据研究生的性格特点和发展期望，指导他们选择科研方向、制定生涯规划，并给予相应的帮助与支持。对于有志投身工程实践的硕士生，鼓励他们提前了解行业企业，并通过校企合作为他们提供实习机会。团队硕士生小李曾被推荐去腾讯 AI Lab 实习，宝贵的经历帮助他毕业后成功入职阿里达摩院。对于志在追求科研梦想的博士生，团队为他们提供广阔、自由的科研平台及环境。研究生每年都有参加国内外行业顶级会议的机会，可以与业界大咖面对面交流，了解行业领域最新动态。团队与美国杜克大学、澳大利亚悉尼大学等知名高校建立了长期合作关系，给研究生提供了海外学习交流的机会，帮助研究生拓展国际视野，提升学术水平。

宋代著名教育学家朱熹说过，"圣贤施教，各因其材，小以小成，大以大成，无弃人也"。研究生入学时的科研基础和能力水平参差不齐，对于基础比较薄弱的学生，导师会给予额外照顾，通过分享学术心得与科研经验，帮助他们夯实基础、突破瓶颈。团队博士生大李本科毕业于二本院校，对团队研究方向不甚了解，为了帮助他快速融入团队，邓成教授制定了专门的培养方案，指导他补齐数学和编程知识，为日后顺利开展学术研究打下了结实的基础。不论学生资质如何，团队始终一视同仁，在尊重个体差异的基础上，有针对性地开展个性化教育，让人人学有所成、个个各尽其才。

三、以学生成长为目标，拓宽育人之路

(一) 言传身教，实现榜样育人

"学高为师，身正为范。"团队导师始终坚持言传身教，既做严师慈父，

又是良师益友，不断激励和引领研究生成长。

作为团队负责人，邓成教授率先垂范，每天早晨都第一个到实验室，每次赶稿都陪伴同学们到最后一刻，每个项目都亲力亲为负责到底。除了要做学生科研路上的指明灯，团队导师在学习和生活的方方面面都能以身作则，引领研究生德智体美劳全面发展。在 2019 年的一次登山活动中，很多同学由于缺乏锻炼，爬得十分吃力。邓老师发现后，鼓励大家课余时间去操场跑步锻炼身体。时值盛夏，暑意尚浓，大家都不愿走出空调房去操场运动。见此情景，邓老师身先士卒，每天傍晚跑五公里给大家做表率，短短三个月便瘦了 10 公斤。在邓老师的示范带动下，同学们纷纷走出实验室，走进操场，却发现年轻的自己竟然跟不上老师的配速。几个月过去，同学们的身体素质得到极大的改善，精力也更加充沛，工作起来更是劲头十足。通过这件事，大家纷纷认识到，真正的追梦人无论做什么都会追求极致，不受年龄限制，不受寒暑侵扰，科研、体育、做人、做事莫不如此。

(二) 思想互通，实现心理育人

《荀子》中说："居楚而楚，居越而越，居夏而夏，是非天性也，积靡使然也。"学习生活环境能够潜移默化地影响研究生的思想厚度、眼界高度、人生态度。团队积极引导成员之间交流思想、统一认识，增强归属感，营造和谐奋进的团队氛围。

团队经常利用例会、谈心、团建等机会，多渠道开展思想引领和价值引导。导师们也经常同大家分享学习好文，交流心得体会。有一次，邓老师亲自组织学习黄国平博士作为校友代表在西南大学毕业典礼上的致辞，同大家一起分享感悟。同学们颇为动容，纷纷表示要感恩生命、感恩父母、感恩团队。博士生闫杰熹感慨，生命的长度是固定的，但我们可以通过努力奋斗延展其厚度。邓老师也教导大家，别人吃过的苦我们不必再吃一遍，要学会从别人的经历中领悟人生真谛，思考生命的价值与意义。类似的集体学习和思想交流，能不断强化师生内心深处的认同感，并将这种精神力量转化为源源不断的行动力量。

此外，团队导师时刻关心着研究生的思想动态，主动与学生沟通交流，指导大家不走歪路、少走弯路。硕士生小冯和小刘在读研期间都曾有过一段心情忧郁的经历。邓老师在与他们交流的时候及时发现问题，并耐心开导，同时联系专业老师进行咨询干预。在大家的关怀和帮助下，两位同学成功走出阴霾，重新回到阳光下追寻自己的梦想。博士生小杨在准备第一篇论文时曾产生了严重的畏难情绪，由于担心创新度不够，论文难被录用，研究进度一拖再拖。邓老师得知情况后，反复与他沟通，鼓励他勇敢迈出第一步。最终，小杨的论文被计算机领域最具权威的 IEEE 模式分析与机器智能汇刊(T-PAMI，影响因子24.314)录用。

(三) 关心关爱，实现情感育人

团队以育德育人为目标，老师们不仅肩负着"导师"职责，更像"家长"般无微不至地守护着每一位学生，在指导学生学术研究的同时，还时刻关心着学生的身心健康，为研究生成长保驾护航。

2017 年，团队曾收到一位推免生的报考申请，可是这位学生随后却放弃了保研资格。邓老师对此极为关心，仔细询问了相关情况。当得知他是由于家庭困难，想提前就业减轻家庭负担时，邓老师反复劝说，并主动提出要资助他完成研究生学业。虽然这位同学最终婉言谢绝了，但在此后几年里邓老师仍然与他保持联系，始终关心他的发展。对于团队里家庭经济困难的学生，导师们都会主动关心，给予力所能及的资助，并指导他们申请奖助学金，多渠道缓解他们的经济压力。邓老师经常嘱咐学生，如果家里有困难或经济有负担，可以主动联系老师，老师们一定会帮助大家渡过难关。2019 年底，博士生小王突遭家庭变故，团队师生累计捐款 8 万余元，帮助他渡过了生活难关。

除了经济资助，团队还关心研究生的日常生活，鼓励大家劳逸结合，保持身心健康。2018 年，博士生小李突发急性阑尾炎，邓老师亲自开车送他去医院。2020 年初疫情期间，邓老师主动为本地学生送去口罩、酒精等防疫物资，在满足学生的基本生活需求的同时，也带去了浓浓的关怀与温暖。团队毕业生大多与团队保持着紧密的联系。"幸福与喜悦，我们祝福；烦恼与忧愁，我们关心。"正如邓老师在毕业生分享会上所说的那样，"前半程，我们是师生；后半程，我们是朋友与家人"。而维系团队全体师生的纽带，是爱！

▶▶▶ 育 人 成 效

一、科研创新

团队先后主持国家自然科学基金面上项目、科技部 863 计划、陕西省重点研发计划等课题 30 余项，获陕西省自然科学一等奖、陕西省科学技术一等奖、

国家自然科学二等奖、教育部自然科学二等奖。在 CCF A 类会议和 SCI 一区期刊上发表论文百余篇。

二、人才培养

团队近年来培养出一大批德智体美劳全面发展的优秀研究生，其中，博士生 13 名，硕士生 40 余名，为美国康纳尔大学、伊利诺伊州大学香槟分校、美国佛罗里达州立大学等国内外知名高校和中国电科、航天科工、华为、腾讯、百度、阿里、京东、字节跳动等知名企业输送了大量优秀人才。

三、社会服务

团队与公安系统开展"章鱼计划""雪亮工程"合作研究，开发大数据智能感知与分析平台，提升网络空间安全，在陕西、新疆等地的重大案件侦破和情报获取等方面发挥了重要作用。此外，团队开发的大数据检索关键技术被九索数据、未来国际等企业成功应用于智慧城市平台建设。

▶ 育人工作特色

团队始终把立德树人作为研究生教育的根本任务，坚持"做事先做人，成功先成人"，着力提升研究生的品行修为。团队教师始终秉持"走进学生心中"的育人理念，在工作和生活中与研究生平等交流、和谐相处，时刻关心学生的身心健康与思想动态，引导他们健康成长、全面发展。在研究生培养过程中，团队注重因材施教，为每位学生提供多条发展路径，营造个性化成长环境，为学生实现人生理想和社会价值保驾护航。

团队充分发挥导师的榜样示范作用。团队负责人邓成教授处处以身作则，以饱满的生活热情和奋斗激情感染着研究生，鼓励他们自律自强、不断超越，在各自研究领域取得丰硕成果，这极大地增强了团队凝聚力。团队十分重视思想建设，通过充分沟通交流，统一思想认识，协调行动步调。在实际科研工作中，老师们既强调纪律，也关心解困；既要求成果，也疏导压力。他们春风化雨，凝聚人心，有效增强了团队向心力。在师生们的共同努力下，团队逐渐成为有水平、有内涵、有温度的集体。

▶▶▶ 经验和启示

面对新时代研究生教育的新形势和新要求，构建符合研究生成长需要的导学思政育人模式，是发挥导学团队育人作用的重要途径。通过革新团队育人理念，优化人才培养体系，能有效促进专业教育和思政教育的有机融合。

团队以师生党支部建设为牵引，不断优化组织架构，建立了良好的师生交流和互动机制。通过定期开展学习教育活动，不断完善育人体系，加强研究生思政工作，在研究生党建、思想教育、心理健康、学术诚信、创新实践、求职就业等方面取得了一系列成果，促进了导师立德树人职责的落实。

团队坚持以理想信念教育为核心，以社会主义核心价值观为引领，以促进学生全面发展为导向，用西电红色基因和科学家精神培根铸魂，依托新时代导学团队"1＋1＋3"育人模式，着力培养能担当民族复兴大任的电子信息行业时代新人。

▶▶▶ 师生感受

团队负责人邓成：团队中既有90年的资深博士，也有00后的硕士新人。面对年龄、个性差异巨大的青年学子，如何引导他们扣好人生的第一粒扣子，做到思想上认同、工作上服从、感情上信赖，关键在于抓思想建设。抓思想建设，首先要统一思想，增强团队向心力；其次要体现关爱，增强团队凝聚力；最后要提升科研水平，增强团队战斗力。只有保持精神上的饥饿感，才能不断突破自己。奋斗的人生需要跳出"舒适圈"、抛弃"小确幸"，我们无法靠"躺平"赢得未来。

团队兼职辅导员武阿明：团队注重培养研究生的创新意识和独立思考能力，帮助每一位同学在行业需求不断变化、社会竞争愈渐激烈的当下能够脱颖而出。在培养研究生科研能力的同时，给予他们全方位的人文关怀，促进其健康成长、全面发展。通过强化师德师风建设，发挥导师对研究生的示范引领作用，用榜样的力量激励同学们砥砺奋进，真正做到春分化雨、润物无声。

博士生闫杰熹：团队不仅提供了学术交流平台，让我能够与志同道合的同门交流思想、碰撞思维，还营造了家一般的氛围，通过文体活动、娱乐互动、节日庆祝等方式为我的生活点缀上点点星光。我能够感受到老师和同学们无微不至的关怀，这种力量帮助我在工作中不断进步，取得优异成绩。

　　硕士生王都：团队把党建工作与师生活动相结合，通过思想政治学习提升同学们的综合素质，让同学们从红色资源中汲取力量，增强团队凝聚力。在科研工作中，团队充分发挥党员先锋模范作用，激励大家在党员带领下不断创新进取，提升个人水平，创造自身价值。

撰稿人：邓成、闫杰熹、王利凯

校稿人：霍学浩

"需求导向"与"创新引领"双向发力的育人模式

——计算机视觉与网络智能导学团队

▶▶▶ 导学团队简介

计算机视觉与网络智能导学团队成立于 2012 年，经过多年的建设，已发展成为由 36 位教师(其中教授 11 人，副教授 10 人)、130 余名硕士研究生和 20 余名博士研究生组成的研究生导学团队。团队重点围绕计算机视觉、计算机网络、人工智能领域的关键技术问题展开研究，主要研究方向包括视觉目标检测、识别与行为分析、遥感影像分析与处理、大数据管理、可视化与可视分析、3D 医学影像分割与重构、智能医疗机器人、教育大数据挖掘与分析、智能教育技术、机器学习与计算智能基础理论等。

团队坚持把立德树人作为立身之本，依托"计算机科学与技术"双一流学科，面向国家重大需求和学科前沿，促进基础研究，推进智能视觉领域技术发展和转化，培养高层次人才，拓展优势领域，主动谋划大项目和大系统，争取以"能引领技术发展的基础理论和能推动行业发展的技术创新"为代表的一流科研成果的推出，促进信息技术成果在行业领域的转化和应用。近年来，团队在高水平国际期刊、会议发表学术论文 200 余篇，他引 2000 余次，承担国家重点研发计划、"核高基"重大专项、国家自然科学基金、教育部新世纪人才计划、国防预研及省部级项目 40 余项。

▶▶▶ 育人背景概述

高等教育要服务于国家战略，围绕创新驱动引领，服务区域发展需求，主动适应新科技发展，并形成鲜明的育人特色，才能助力高水平人才培养。计算

机视觉与网络智能团队始终坚持"严谨笃学、满怀激情、坚持创新"的育人理念，以沁润式的思政教育赓续红色血脉，以畅所欲言的沟通交流激发创新活力，以形式多样的经验分享提升科研素养，以开放协作的国际交流开阔科学视野，以"人工智能+"的教育新思路践行"以学生为中心"的教学信念，培养了一批又一批的优秀研究生。团队还以"瞄准世界科技前沿，求真学问、练真本领，脚踏实地、刻苦钻研"为追求，卓有成效地将成果、经验不断应用到教育教学、科学研究、人才培养和服务社会中，为实现中华民族伟大复兴的中国梦贡献力量。

▶ 育人工作实施过程

计算机视觉与网络智能团队共有三十余名教师，研究方向众多。团队内设置了视觉智能研究中心、大数据研究中心、智能教育研究中心以及智慧医疗研究中心等 4 个研究小组(每组均由一位经验丰富的导师或者博士研究生作为负责人)，与众多高校、科研院所、企业进行着多个项目的合作。

一、畅所欲言，激发创新思维

面对困难互相帮助，遇到难题群策群力，"团结一心，合作共进"是计算机视觉与网络智能团队内部融洽关系的真实写照。求同存异、共同发展是大家的共识，团队中没有一言堂，老师鼓励学生对各类问题发表自己的见解和看法，即使在老师提出自己的观点后，学生也可以随时进行剖析和反驳。经过头脑风暴式的讨论后，很多问题都能够被理解得非常透彻。这种严谨的方式极易获得最优方案，取得突出成果。正是这样的氛围，使得团队内的学生均能够主动承担起具有挑战性的科研项目子模块。

博士研究生曹莹深刻地体会到了这一点。在接到构建恶意程序识别模型的课题后，她便和组内师生一起讨论、共同想办法，大量阅读相关文献、分析恶意程序数据、充分研究讨论、反复修改模型，最终完成的恶意程序识别模型不但简单，而且检出率高，取得了非常好的性能。该成果不但解决了项目方的技术难题，项目主要完成人曹莹也因此发表了多篇高质量的学术论文，顺利获得博士学位，而先后参与该项目的 10 余位硕士研究生也都在相关科研创新上有所收获，并找到了理想的工作。此外，团队还会定期组织素质拓展和联谊活动。每逢节假日或毕业季，团队所有教师和学生齐聚一堂，畅谈天南海北，畅想未来发展，其乐融融。团队还经常组织与西北大学陈晓江老师、冯筠老师团队的交流联谊，在思维碰撞中激发创新思维。

二、追踪前沿，营造学术氛围

良好的学术氛围，对团队研究生的培养意义重大，这不仅要求团队老师要具有渊博的知识，对科学前沿高度敏感，还要求团队中的每位成员对学科内的前沿论文"紧密跟踪"、对顶级会议高度重视，因此有效的学术讨论机制和高水平的学术交流非常重要。

团队每周都会召开报告会，无论学生还是老师，都要在会上分享学科前沿文章，介绍新理论和新方法，并对此进行激烈的讨论。久而久之，耳濡目染，团队中所有师生都能全面及时地掌握学术前沿知识。加强国际交流，推动协同创新，也是团队研究生国际化培养的主要任务。一方面，团队教师均有访学经历，对自己所研究的领域和方向了解全面，在教育教学方面实施创新教育游刃有余；另一方面，团队不仅积极支持研究生前往国外进行短期的交流访问，开拓国际视野，还主动邀请行业领域内的专家作报告、交流讨论、开展论文指导。香港中文大学的王晓刚教授、美国特拉华大学电子与计算机工程系高光荣教授、石溪大学与布鲁克海文国家团队的 Barbara Chapman 教授、北京大学袁晓如研究院、浙江大学卜佳俊教授、中科院韩银和研究员等均曾来校分享学术和工程经验，图灵奖获得者 Niklaus Wirth 教授、TEC 主编 Kay Chen Tan(IEEE Fellow)和 TNNLS 主编 Haibo He(IEEE Fellow)等国际知名期刊主编也曾多次与团队成员面对面交流，使团队成员的国际化视野日益宽广。

而且，团队还承办了多场国内和国际学术会议，如 2020 年举办的第七届中国可视化与可视分析大会(ChinaVis 2020)，全国信息检索学术会议，2019 年举办的 CCF 全国嵌入式系统大会，2018 年举办的国际电气与电子工程师协会自动人脸与手势识别国际会议(FG 2018)、CCF 大数据学术会议，2016 年举办的第十三届国际网络与并行计算大会(NPC 2016)，全国高性能计算学术年会，2015 年举办的 CCF 首届计算机视觉大会，2011 年举办的 CCF 首届青年精英大会等。团队成员不仅是这些高水平学术会议的参与者，更是组织者，诸多机会让学生们能与国内外学术专家近距离接触，聆听业内前沿学术报告，学习专家们的科学研究方法，筑牢创新根基。

三、教学相长，站好三尺讲台

"树蕙滋兰，严慈相济，学而不厌"是计算机视觉与网络智能团队所追求

的"师道"。团队老师们在工作中能严格要求自己，规范自己的言行，并不断学习新的理论与知识，提高自己的修养和业务水平，站好三尺讲台。他们向老前辈学习，学习他们做人、教学、做科研的精神，也向年轻人学习，学习他们的新理念、新思维，并以实际行动感染着身边的学生们。哪怕再忙，他们都会利用业余休息时间，与学生沟通交流，及时了解他们的思想及在科研中或在生活中的困惑，帮助他们解决实际问题。团队老师们脚踏实地的工作作风，受到了学生们的一致认可和喜爱。权义宁老师的评教成绩连续多年都在 98 分以上，多次教学鉴定成绩都为优秀，并获得 2015 年度优质教学质量一等奖。校讲课竞赛一等奖获得者谢琨老师在首届全国高校教师教学创新大赛中荣获全国二等奖，系西安电子科技大学在该赛事中获得的唯一奖项。戚玉涛老师还被计算机科学与技术学院 2014 届毕业生评为"我最感谢的大学老师"。

　　做好教学研究和教学改革也是团队老师们的主要工作之一。伴随着科学技术的飞速发展，教学理念和教学方法也需要不断创新，以适应时代变化。团队中的苗启广老师、权义宁老师等都全身心地投入培养方案修订、专业工程认证、特色专业建设和 MOOC 课程建设等方面的工作之中，还申请了"网络协议分析实验""RDMA 高速数据传输实验""亚马逊 AWS 云计算技术课程教学与实验建设"等多个校内的教学改革项目，力求将最新的教育教学成果应用到研究生培养中来，更好地落实立德树人根本任务，提高育人质量。

▶ 育 人 成 效

　　计算机视觉与网络智能团队在全体师生的共同努力下不断发展壮大，在 2018 年获批建设并成立了"西安市大数据与视觉智能关键技术重点实验室"，这也成为西安电子科技大学首批西安市重点实验室。与此同时，团队成员在科研领域取得累累硕果，在 IEEE TNNLS/TIP/TGRS/TEC/TIST/TVCG/TCYB、IJCV、ICCV、AAAI、IJCAI、ICCV、软件学报、计算机学报、电子学报、光学学报等国内外重要学术期刊、国际会议上发表 SCI/EI 检索论文 200 余篇，他引 2000 余次，戚玉涛老师和武越老师的论文均被评为 ESI 高被引论文；团队承担国家重点研发计划、"核高基"重大专项、国家自然科学基金、教育部新世纪人才计划、国防预研、国防 863、武器装备基金及省部级项目 40 余项，并先后获得省部级科学技术奖项 2 项。团队坚持"请进来"与"走出去"相结合，承办了 10 多项国际、国内重要学术会议，这些会议不仅让团队成员学习了国内外先进经验，还促进他们主动进行自我革新、自我完善。

团队教师以师为本、以德为范，积极参加教育教学改革，主动推进教育教学创新，承担了 40 余项教育教学改革项目，并在教育信息化、智能教育等领域取得了重大突破，相关教育教学成果荣获省部级、校级教学成果奖和首届全国高校教师教学创新大赛二等奖。多位教师获评陕西省高教工委优秀共产党员、西安电子科技大学"十佳师德标兵"、校级教学名师等荣誉称号，还有多位青年教师在校级、省级青年教师讲课比赛中取得了优异成绩，不断成长为铸魂育人的新力量。

▶ 育人工作特色

计算机视觉与网络智能团队在育人工作的开展中主要以"科研育人"和"教学育人"为主要发力点。科研育人方面的工作重心在于科研氛围的营造。只有在浓厚的科研氛围下，才能激发学生从事科学研究的信心和兴趣。定期的学术交流、主题分享等活动，促成了团队成员对科研动态的及时掌握；频繁的国内国际专业领域的交流学习和国内国际知名学术会议的筹备承办，既为团队师生提供了学习的机会，也拉近了团队成员与最前沿科技的距离。教学育人方面重在"教学相长"机制的构建。教师"教"与学生"学"是一个矛盾而统一的过程，如何学得好，在很大程度上取决于怎么教、教什么，这是需要由教师和学生共同完成的"闭环反馈"，其中，教师的个人能力至关重要。因而，团队鼓励教师积极申报教育教学相关课题，参与教育教学相关比赛，开展教育教学创新，提高个人教学能力和育人能力，从而高质量地促进学生全面发展。近年来，团队已涌现出苗启广、权义宁、谢锟等在教育教学领域获得突出成果的教师。

▶ 经验和启示

计算机视觉与网络智能团队是一个年轻有活力、发展迅速的团队。团队在育人模式探索中，不断地将人文关怀、科学研究、教育培养有机融合到团队建设和人才培养中。团队以定期开展的迎新活动、各类交流会、趣味运动会、毕业欢送会等文体活动为依托，丰富学生的日常生活，传递团队关怀，使学生能更好地融入团队，提升团队荣誉感。团队通过组织内部学术交流、论文分享会以及承办国内、国际学术会议，为学生提供学术交流机会，辅以责任导师的学术指导，让学生更好地开展科学研究工作；团队倡导教学相长、德育共鸣，鼓励老师们在学术指导之余，积极参与教育教学活动，不断提高个人修养，提升人才培养水平，并将科研成果反馈到日常教育教学过程中，为培养德才兼备、创新为上的高水平人才贡献力量。

▶ 师 生 感 受

团队负责人苗启广：团队将科学研究和人文关怀融入团队建设和学生培养的方方面面，制定了"一学二进三指导，四训五抓六文建，七奖八论九不许"的实验室规范。特别是在培养学生学术能力、开展科研训练的过程中，团队会依照每个年级学生的科研能力和水平进行任务划分，坚持因材施教，提升学生个体和团队整体的科研水平。在教育教学中，教师在不断学习老一辈科学家精神的同时，也在向年轻一代学习，学习他们的创新性思维，并在传授知识的同时，把做人、做事、做学问的道理贯穿其中。

团队教师刘如意：进入团队后，让我对"什么是团队"有了新的认识。从字面意思来看，有才能的人与一群人分享交流就是团队。"同心山成玉，协力土变金"，计算机视觉与网络智能团队就是一个和谐的大家庭，近年来在教学、科研、育人等方面取得了丰硕成果，这与团队师生的共同努力以及"严谨笃学、满怀激情、坚持创新"的育人理念是分不开的。

团队教师李宇楠：在学生时代，团队严谨积极的科研氛围，极具特色的文体活动给我留下了很深的印象，这不仅丰富了我们的业余文化生活，还为我们全面发展和个性发展提供了"舞台"。成为团队教师后，老师们勤勉尽责和一丝不苟的科学精神仍时刻鞭策着我，激励着我在新起点主动迎接新挑战，创造新成绩。

撰稿人：卢子祥

校稿人：张君博、王丹

"四色融合、四向协同"的研究生培养模式

——NSS 导学团队

▶ 导学团队简介

计算机科学与技术学院网络与系统安全(NSS)导学团队依托陕西省网络与系统安全重点实验室、移动互联网"111"引智基地，隶属于网络与信息安全教育部创新团队(网络安全领域唯一)、陕西省网络与信息安全"三秦学者"创新团队、陕西省网络与信息安全关键技术创新团队。团队由沈玉龙教授担任负责人，以姜晓鸿、杨力、高海昌、鱼滨、郭得科、白鸟则郎(教育部海外名师)、Achille Pattavina(教育部海外名师)、董学文、习宁、张涛、张志为等海内外教授、学者为核心，共有研究生导师 19 人，博士、硕士研究生 150 余名，在网络空间安全领域具有扎实的理论基础、活跃的创新思维、丰富的实践经验。

近年来，团队主持国家十三五预研重点项目 1 项、国家自然科学基金重点项目 2 项、国家重点研发计划 2 项、国防基础加强项目 1 项，参与国家 863 计划 2 项、国防 973 计划 2 项、教育部创新团队发展计划 1 项、"十一五"及"十二五"国防预研网络安全技术专题 4 项，完成了预期研究目标，形成了一系列科研成果。截至目前，团队已出版专著、教材 20 余部，发表论文 700 余篇，发明和授权国家技术发明专利 150 余项、美国发明专利 1 项、国际 PCT 专利 5 项、软件著作权 70 多项，制定国际 ITU 标准 3 项、国家标准 4 项、中国电子行业标准 3 项、通信行业标准 5 项，相关成果荣获国家技术发明二等奖 2 项、省部级科技成果一等奖 10 余项。此外，团队还先后两次被授予"CCTV 中国创业榜样"称号。

▶ 育人背景概述

NSS 导学团队深入贯彻全国研究生教育会议精神，按照习近平总书记"适

应党和国家事业发展需要，培养造就大批德才兼备的高层次人才"的指示要求，秉承学校"全心全意为人民服务"的办学宗旨，继承"艰苦奋斗、自强不息，求真务实、爱国为民"的西电精神，引导研究生积极培育和践行社会主义核心价值观。团队从事的教学与科研方向包括物联网、移动通信、云计算、工业互联网、卫星互联网等网络空间关键领域，涉及计算机科学与技术、网络空间安全、信息与通信工程等学科，这些领域和学科均以"理论性强、技术迭代更新快、工程实现要求高、综合应用需求大"著称。因此，团队坚持"产、学、研、用"四向协同的理念，注重发挥实践在网络空间安全人才培养中的关键作用，重视在专业实践、科研实训、双创教育的过程中，引导学生聚焦中国特色与实际，培养学生发现问题、解决问题的意识与能力，增强学生的综合素质和网络安全专业技能，帮助学生树牢"发展自身、奉献社会、造福人民"的远大目标。经过多年的探索与实践，团队已初步形成了一套覆盖实验教学、实践教育、科研探索、创新创业等多维度、立体化的网络安全人才教育管理模式，培养了一大批德才兼备的网络安全领域的高层次人才与全面发展的社会主义建设者和接班人。

▶ 育人工作实施过程

一、强化政治引领，赓续红色基因，打造新时代育人最鲜亮的底色

　　NSS 导学团队高度重视研究生德育培养，将思想政治教育融入研究生日常交流、调研汇报、科学研究等科研素质养成的各个环节，引导研究生严守学术道德规范，杜绝学术不端行为，培养其追求科学的求索意识和求真务实的奋发精神。团队重视研究生课程思政建设，归纳总结了计算机科学与技术新进展和软件测试过程与方法课程中所蕴含的创新进取、一丝不苟、逐步求精等思政元素，并将其融入日常教学，引导学生树立服务国家战略需求的伟大理想。团队内多名研究生获得了"优秀研究生""优秀研究生干部""优秀研究生学术年会组织者"等荣誉称号。同时，团队还密切联系计算机网络与物联网研究所本硕博师第一联合党支部、计算机网络与物联网研究所本硕博师第二联合党支部，组织研究生开展弘扬"航天精神"爱国主义主题教育、蒲城县尧山镇闫家村精准扶贫调研、"走进梁家河，踏寻红色路"社会实践等主题突出、特色鲜明、形式多样的学习教育活动，将研究生思政教育工作深度融入团队日常建设和科

研工作之中。

二、遵循科研规律，创新示范带动，体现需求驱动自主创新的本色

NSS 导学团队始终以国家需求为导向，端正学术态度，严谨治学，充分发挥榜样作用，大力弘扬"求真、质疑、创新、奉献"的科学精神，培养了一批又一批政治素质硬、科学素养好的研究生。团队坚持科学研究与人才培养相结合，不断探索创新，形成了科研驱动的高层次人才培养模式，将科研全过程与学生培养的各环节对接，提高学生提出问题、思考问题、解决问题的能力。

目前，团队主持或参与了国家 863 主题项目、国防 973 课题、装发预研重大项目、国家重点研发计划项目、国家自然科学基金重点项目、国防科技创新特区项目、国防基础加强项目等数十个高级别项目，并将项目申报、研发、结题等流程和重要节点融入研究生培养过程中，利用需求与问题导向，培养学生独立自主创新能力和团队协同合作能力。团队通过承担 5G 安全方面的国家自然科学基金重点项目、未来智能网络安全方面的国防创新特区项目等研发工作，使学生能够立足学科前沿，了解网络安全的最新动态和发展趋势，全面提升其学术水平；通过承担智慧城市安全方面的国家重点研发计划项目、数据安全方面的国家 863 主题项目等，驱动研究生科技创新，锻炼其解决实际问题的能力。与此同时，团队通过引导研究生开展"多场景下的物理层安全传输模型与方法"等西安电子科技大学研究生创新基金项目，培养研究生独立开展科学研究的能力。团队还坚持国内外开放合作的培养理念，不断拓展开放合作的广度和深度，研究生中已有 20 多人次参加海内外长期访学交流。

近五年以来，团队取得了丰硕的成果。研究生在国际顶级期刊和会议上发表学术论文 30 多篇，其中 CCF A 类期刊或会议论文占到了近 70%。团队指导学生申请专利 70 余项，其中已授权 40 余项，在授权专利中国际 PCT 专利 5 项，还有 10 余项专利已得到转让和许可，产生了显著的经济效益。

三、促进科教融合，落实"四向协同"，增添网络安全科技创新的亮色

NSS 导学团队支持学校、学院异地研究院建设，促进产教融合，推动实践育人体系构建，主要参与建设了西安电子科技大学青岛计算技术研究院和西安电子科技大学青岛产教融合研究生培养基地，将成果转化和高层次人才培养紧密结合，形成了产、学、研、用纵横联动的研究生培养新机制。

团队积极联合腾讯、蓝盾、西普、四叶草等网络安全龙头企业实施产教融合、校企合作，共开展了 10 余项教育部产学融合协同育人项目，极大地提高了网络空间安全人才的创新能力与实践能力。团队牵头建设的西安电子科技大学计算机网络与安全工程坊、工业互联网工程坊，在无线网络安全、物联网安全等领域，开展了大量的工程实践，极大地增强了学生网络安全的实战能力。团队孵化工作也取得了突出成效，2019 年，团队张志为老师主导研发的云脑安全平台，在中央广播电视总台的《创业英雄汇》节目中，获得了"CCTV 中国十大创业榜"称号；团队博士研究生祝幸辉主导研发的物联网操作系统，在该节目中获得了 500 万融资，其成果在相关领域得到了广泛应用。

团队以科研驱动创新创业，以创新创业带动人才培养，鼓励学生参加各类科技竞赛和创新创业比赛活动。多位研究生获得了"互联网+"中国大学生创新创业大赛金奖、国家网络安全竞赛一等奖、中国研究生移动终端应用设计创新大赛一等奖、世界人工智能创新大赛工业质量检测专题赛一等奖等荣誉。团队鼓励研究生将所参与的科研项目与工程实际相结合，研制了多个兼具科学性和实用性的"双创"成果。例如，团队研究生参与研发的"秦盾"云加密数据库系统，获得了第十八届中国科协年会全国科技工作者创新创业大赛金奖(16/1800+)及最佳商业投资价值奖(2/1800+)、中国发明协会金奖等多个奖项，已被广泛应用于建设银行、电子政务、教育等单位或行业，该系统作为教育部六个重点项目之一，参加了第二届军民融合成果展，被新华社等国内主流媒体誉为军民融合领域具有广阔应用前景的技术。

四、厚植科学精神，锻造科研能力，彰显又红又专全面发展的特色

NSS 导学团队师生将"为人民服务，为中国共产党治国理政服务，为巩固和发展中国特色社会主义制度服务，为改革开放和社会主义现代化建设服务"的自觉性和责任感融入科研实践工作的方方面面。团队深谙"只有将个人理想与国家发展相结合，理想才能结出果实"的道理，教导研究生要在科研实践中着重关注和解决国家在改革发展过程中遇到的网络空间问题与挑战，提升服务经济社会发展的能力。在抗击新冠肺炎疫情初期，团队师生尽己所能，积极参加防疫抗疫工作，开发了基于区块链的疫情物资捐赠和管理系统，实现了应急物资的有效调配，参与攻克了疫情大数据分析的相关难题，在病毒快速检测、疫情科学防控方面取得了多项成绩，并将相关研究成果上报了教育部和科技部的相关部门，得到了陕西广播电视台等新闻媒体的宣传报道。

面对复杂多变的国际形势，团队引导学生厚植爱国主义情怀，积极参与国家建设和国防建设。团队培养的毕业生高福城参与了"长剑-100"巡航导弹的研制，并作为装备方队中的一员参加了庆祝中华人民共和国成立70周年阅兵式，接受了习近平总书记的检阅。为了高质量完成国防科技创新特区项目，研究新型智能网络的内生安全关键技术，团队成立了由10余位研究生组成的研发小组，投入专项研发，筑牢国防事业的钢铁长城。当前，仍有多名研究生从事军事智能电子系统安全关键技术的研究工作，相关的研究成果已被应用于歼20、四代机、大型运输机、预警机等新型航空电子系统中，产生了显著的军事效益。

▶ 育 人 成 效

团队现有教育部"长江学者"特岗学者1人，国防科技卓越青年科学基金项目获得者1人，累计培养博士研究生近10人，硕士研究生50余人，还培养了 Anter Faree(也门)、Ahmed Salem(埃及)、阮金清(越南)和 Yue Chun Jonathan(法国)等多名留学生。团队师生多人多次获得国际会议最佳论文奖，并在学科竞赛、科技活动以及创新创业比赛中荣获多项荣誉。此外，团队累计10余名研究生获得了国家网络安全奖学金。

得益于良好的培养模式，团队为社会输送了大量高质量人才，他们中的大多数毕业生都不约而同地选择了到祖国最需要的地方建功立业，有多人入职中西部军工研究所、高校。硕士生高福城毕业后，就参与了国防重大装备的研制；硕士生崔志浩毕业后就职于国家计算机网络应急技术处理协调中心，立志做国家网络安全的守护者；硕士生张元玉、何吉在国外留学博士毕业后，毅然归国留校任教，接过了培养高层次科技人才的接力棒；博士毕业生邱国英、苏文桂分别前往西南大学、广西大学教书育人；硕士留学生阮金清在毕业后，回到越南黎贵敦技术大学担任教职，传播中国的先进知识和优秀文化。还有不少毕业生选择扎根基层、服务基层，如硕士毕业生王思怡就成为了一名光荣的基层民警。也有毕业生选择了在国内头部互联网企业发光发热，如硕士毕业生宗旋因工作表现突出多次荣获"腾讯优秀员工"荣誉称号。这些同学只是团队众多毕业生中的代表，数十位团队毕业生都在自己的工作岗位上发扬西电精神、发挥带头作用，践行新时代西电人的使命和担当。

▶ 育人工作特色

一、不忘立德树人初心，牢记为党育人、为国育才使命

团队一方面坚持提升导师的"导学导研"意识和能力，要求导师坚守在人才培养一线、思政教育一线、科学研究一线；另一方面，团队高度重视研究生德育培养，深度挖掘科学研究、科研实践、理论教学中的思想政治元素，强化师生牢固树立服务国家战略需求的目标意识，将思想政治教育融入研究生日常教育管理、调研汇报、项目研究等活动中，培养学生求真、质疑、创新、奉献的科学精神。

二、不违爱国为民本心，提高师生科技创新能力和社会服务水平

团队孕育和成长于赓续拥有最长红色根脉的西安电子科技大学，团队全体师生以继承和发扬西电精神为己任，扎根中国大地、投身伟大实践，主动关注和解决国家改革发展过程中遇到的网络空间安全问题与挑战，坚持将科学研究与人才培养相结合，不断提升团队科技创新和服务经济社会发展的能力。

三、不负教书育人真心，创新产学研用深度融合的协同育人机制

团队不断探索和实践多元混合型科研团队组织模式，发挥重大科技平台和项目的人才培养功效，强化特色优势，服务区域创新体系构建，支撑区域战略需求，服务地方经济发展，促进科技成果的高水平转移转化，开创与网络空间安全高层次人才培养相适应的校企联合创新的新格局，有力推动产、学、研、用深度融合协同育人的研究生人才培养新机制的形成。

▶ 经验和启示

教育是国之大计，党之大计，具有基础性、先导性、全局性的地位与作用。伴随着教育的革命性变化，教育与经济社会发展的结合愈加紧密，承担着服务中华民族伟大复兴的重要使命。这就要求团队教师在人才培养中要坚决贯彻落实党中央关于教育使命的重要论述，严格遵循"五位一体"总体布局和"四个

全面"战略布局，在自己的研究领域和能力范围内，千方百计地扩展网络安全教育教学活动的形式与范围，不断使相关教育教学工作同时代发展要求相适应。

作为导学团队，一方面应凝聚多方合力，构建高水平网络安全人才培育生态体系，不仅要积极推动与研究院所、企业的高层次人才联合培养工作，充分利用社会资源，提高研究生实践能力，还需要不断开阔研究生国内国际视野，提升研究生理论创新能力，从而实现研究生全方位能力的培养；另一方面，要专注梯队建设，助力民主、平等、和谐的良好师生关系养成，在团队教师的培养中需要发挥好"传帮带"作用，帮助青年教师高质量发展，充分发挥"老中青"队伍特点，达到既能把握大方向又能不断焕发团队年轻活力的目的，在科研工作上严格把关、在生活中与学生打成一片，全方位地为学生成长成才服务。

▐▐▶ 师 生 感 受

团队负责人沈玉龙：我们所处的时代是一个信息化技术促进产业发展、产业变革的时代，作为国家战略的网络空间安全问题深刻影响着国防巩固、经济发展、社会稳定、人民幸福。NSS 导学团队已经成为了网络空间安全领域科学研究、人才培养、成果转化的"国家队"，面对世界百年未有之大变局，我们责无旁贷，希望团队全体师生继续秉持西电人的奉献精神，自觉地将个人进步深度融入国家发展、学校建设之中，为党和国家培养更多的优秀网络空间安全高质量高水平人才，在为实现中华民族伟大复兴的中国梦的过程中尽最大的可能发挥自己的光和热。

团队教师何吉：很荣幸博士毕业后，又回到了 NSS 团队这个温馨的大家庭。一切都很熟悉，只不过是由学生转变成了一名教师。无论是作为学生还是作为老师，我最高兴的是见证了团队的发展，见证了老师和学生的成长，也见证了团队为国内各大高校、研究所以及企业源源不断输送网络安全人才的历程。作为曾经的学生，我很感激沈老师的悉心培养以及团队其他老师对我无微不至的关怀。作为一名教师，我希望能够尽自己所学、尽自己所能把团队建设得更好，为国家培养更多优秀的网络安全人才。

毕业生程珂：我是在攻读博士学位期间加入 NSS 团队这个大家庭的。团队成员之间亦师亦友的关系帮助我迅速适应了新的科研生活。因此，我才能在短短三年中多次顺利地在顶级学术会议上公开发表自己的科研成果、在科研道路上迈出坚实步伐。而且，在沈老师和各位老师的关心帮助下，我已经在西安组建了自己温馨幸福的小家庭。

　　毕业生邬俊杰：刚进入沈老师团队时我比较内向、不善言辞，因此导致科研工作开展起来比较被动。但随着与沈老师以及团队其他老师、同学的相处，在团队友爱的氛围中我渐渐打开了心扉，并对物联网和云计算技术产生了浓厚的兴趣。于是，我更加积极地参与团队的科研项目的推进工作，逐渐提高了发现问题、思考问题、解决问题的能力。因为善于思考，解决实际问题的能力突出，且具备良好的项目经历，让我总能游刃有余地应对各项工作。

撰稿人：张志为

校稿人：高宇星、付凯元

"三阶递进、五环相扣"的研究生培养模式

——驱动观天之眼导学团队

▐▐▐▶ 导学团队简介

　　机电工程学院"驱动观天之眼"导学团队是一支由黄进教授带领的研究生导学团队，现有导师 6 人，研究生 40 余人。团队以带头人为中心，由兼职辅导员、思政助理和小组长密切配合、协同管理，以电子机械创新型人才培养为导向，结合学科与平台优势，宏观把握育人方向，设计并制定个性化培养方案，充分发挥科研育人、因材施教的优势，紧扣细节，全面提升导学质量。

　　团队确保围绕着"观天之眼"，大型、超大型反射面天线，看得准、看得远、看得清的关键科学技术问题，在电子装备机电耦合理论、电子装备精密控制以及现代设计与制造方法等方面展开研究。在国家 973 计划、863 计划和国家自然科学基金重大、重点项目的支持下，团队取得了一系列原创性成果，获得国家科技进步二等奖 2 项、电子学会科技进步一等奖 1 项、省部级一等奖 3 项以及"十一五"国家科技计划执行优秀团队奖等多项荣誉。团队在国内外重要期刊和会议上发表 SCI/EI 检索论文 100 余篇，获得授权国家发明专利 50 余项，并于 2018 年入选陕西省重点科技创新团队，黄进教授也被授予陕西省特支计划—科技创新领军人才。

　　团队用十年如一日的坚持，始终如一的热忱，不断开拓进取的精神，在驱动"观天之眼"的同时，为祖国培养着能引领未来的人才。团队近年来共培养研究生 100 余人，其中，2 位博士研究生获得"校级优秀博士学位论文"，连续三年，有多位硕士研究生在国际期刊上发表高水平论文，并荣获"研究生国家奖学金""优秀研究生"称号。团队毕业生已逐渐成长为高校教授、研究所和大型国企的技术骨干或国内外行业知名企业的中坚力量。

▮▮▶ 育人背景概述

观天之眼在于大，而观天之准则在于精，"失之毫厘，谬以千里"，科研和育人亦如此。对于人才培养，团队一直以严谨、细腻的态度在探索符合当代人才发展需求的研究生培养方案。互联网上时常可以看到关于"导师希望研究生具有哪些素质"的讨论，相关帖子也得到部分导师的关注和转发。但鲜有文章讨论如何培养学生，使其具备坚韧不拔的毅力、迎难而上的执着精神、自主浓厚的科研兴趣、积极向上的生活态度等优秀素质，以及导学团队、导师应该创造哪些条件来满足学生需求。因此，在人才培养过程中，导师对学生的要求及期望往往只是一厢情愿；而学生对团队及导师的情感，常止于学位授权的那一刻等现象。

针对上述问题，"驱动观天之眼"团队从全员、全方位、全过程出发，秉承着"团队发展服务学生成长"这一教育理念，坚持以学生发展为导向，深入思考培养什么样的学生，学生需要什么样的团队文化，怎样融合个人发展和团队发展等问题，边试探、边摸索、边反思，逐渐形成了一个文化鲜明、成果丰富、人才培养效果显著的特色导学团队。

▮▮▶ 育人工作实施过程

一个良好的导学团队不仅需要具备前沿的战略眼光和出色的调控能力，还应建立一套行之有效的育人机制，使团队成员具备与科研目的、科研目标相适应的科研能力和参与科研的意愿，从而支持整个团队和谐有序地高效运作。驱动观天之眼团队在长期实践和探索中，健全"五项机制"，强化育人职责，培养了一系列优秀人才，形成了特点鲜明的团队文化。

一、管理机制

行之有效的管理机制，不仅是团队运行的保障，更是团队未来发展的基石，一个团队能发展到什么程度，一个团队能培育出什么样的人才，都与团队的管理机制息息相关、密不可分。驱动观天之眼团队在管理制度执行实施过程中，不断注入思想教育和团队文化熏陶，管理机制有实有效，使师生获得更好的思想教育，从而培育出更优秀的团队文化。

1. 点对点的传帮带

老带新、老管新是团队管理特色之一。经过多年的实践验证，不论在科研成果交接还是文化素养传承，"点对点传帮带"模式是团队能高效发展的有效方式之一，不仅能迅速地将新生带入科研状态，同时，往届研究生身上优秀的综合素质、人文素养还会潜移默化地对新生产生积极影响。

2. 线与线的交叉融合

团队主张在进行科研工作时理论和实践要相辅相成，倡导理论研究与实践研究要交叉融合，不提倡只在实验室里进行理论研究或只做实验而不进行深层次的理论思考。团队要求每一位研究生在科研过程中要及时补充理论知识，要学会灵活运用相关理论知识解决实践中可能出现的问题；每一位研究生在实践过程中锻炼动手能力和应变能力的同时，要适时开展理论总结，切实提高解决具体实际问题的能力。通过将理论付诸实践，提高科学研究的效率，团队就能培养出高素质综合型人才。

3. 面与面的互促共进

除负责人外，团队设有兼职辅导员、思政助理和小组长三种角色，分别由青年教师和研究生担任，从学生科研动态、思维动态、生活动态出发，通过分层、分类管理，使团队更全面、更深入地了解研究生培养过程，这种管理方式缩短了学生与导师之间的距离，学生更愿意和同门手足、青年教师及负责人去交心、交流，形成了和谐奋进的导学关系，提高了团队运作的效率。

二、创新机制

现代的人才培养，已经将创新能力作为衡量研究生水平的一项重要指标。一个科研团队只有始终保持变革的勇气，重视创新、鼓励创新才能够拥有源源不断的生命力和坚不可摧的战斗力。

1. 循循善诱，启发引导

"授之以鱼，不如授之以渔"。团队导师们要做学生的协商者、指导者，与其正面给出学生答案，不如侧面引导，教会学生主动思考，引导学生掌握研究问题、解决问题的方法，贯彻"启发式"的育人原则，让学生"知其然"，更能"知其所以然"。同时，学生也能从解答问题的过程中，获得自我认同感和满足感，进而增强科研兴趣和创新信心。

2. 跟踪前沿，鼓励交流

"博采众家之长，勇于探索创新"。团队负责人黄进老师鼓励研究生尽可能多地了解本领域、本方向的研究动态，要站在前人的肩膀上做研究，避免"闭门造车"。而且，各个学科的创新思维都可以借鉴，黄进老师鼓励大家要经常开展"头脑风暴"，畅所欲言，相互争论、相互补充，在研讨中去发现解决问题的新思路和新方法。

三、实践机制

在团队中建立实践机制，聚焦团队成员全方位素质和能力的养成。在具体实施中，鼓励团队成员结合自身的能力参加相关知识技能竞赛或研发项目，将所学知识和技能投入实际应用中，调动团队成员的积极性，加深其对所学知识的理解，加速推动团队创新成果的应用与转化。

1. 脚踏实地，躬行践履

"纸上得来终觉浅，绝知此事要躬行"。团队带头人黄进老师不仅在学术思想上独具前瞻性，更令团队成员佩服的是他那丰富的实践经验。团队成员在装备研发过程中，总会遇到各种算法原理、硬件设计、算法编写等问题，黄老师经常和学生展开热烈的讨论，他从实际应用出发，针对性地给学生提出指导意见和建议，有时还会亲自动手一遍遍地验证、示范。在此过程中，不仅增加了学生对成果应用场景的了解，更让学生对动手实践的意义有了深刻的理解。

2. 形式多样，内容系统

团队实践活动是一个由基础到综合的过程，团队目前的实践活动形式包括但不限于实验、实习、学术交流、专著和论文撰写、课题研究等类型，主要以科研实践为主。不同于理论研究，科研实践极具系统性和层次性，它更多的是一个从实用角度出发不断获取新知识的过程，以便支持各类问题的发现、辨识和解决。因此，团队积极拓展研究生参与实践活动的深度和广度，结合研究生所研究的课题，将形式多样的实践活动贯穿整个课题研究，定制化设计科研实践全过程。

四、反馈机制

良好团队文化的形成，管理是基础，反馈则是关键。通过反馈机制，团队建立起了合理且有效的沟通渠道。团队导师能及时掌握项目进展动态，了解学生在思想方面和科研方面存在的问题和需求，以便及时进行指导和干预，这种反馈机制不仅保障了团队成员的身心健康，为其高效地实现科研目标保驾护航，还能让团队的运行走向良性循环。

1. 作风严谨的学术讨论

自 2005 年起，导学团队每周召开一次科研工作汇报和问题讨论例会。定期的总结汇报不仅是团队负责人对近期研究进展及研究成果的了解和跟进，还是团队研究生针对科研工作的阶段性梳理和总结，也是团队对未来发展的思考和落实。在例会上，团队学术带头人会针对团队中出现的科研问题给予学生引导性建议，并对阶段性成果进行归纳，让学生在遇到科研难题时，敢于说出自己的观点，以"头脑风暴"的方式及时讨论，提升其独立思考能力和解决问题的能力。

2. 气氛融洽的思想交流

定期举办的茶话会是团队掌握学生思想动态的好机会。在活动中，团队导师会主动分享他们在科研上的心得以及自己的生活经验，如处理压力的方法、享受科研带来的乐趣等；研究生们也会畅所欲言，分享自己在科研和生活中的经历和趣事，他们把导师们当做家长、把同门当做兄弟姐妹，用这种方式缓解心理压力，增进团队情感，增强自身的自豪感、使命感和荣誉感。

五、激励机制

如何最大限度地激发团队成员的积极性、主动性和创造性，满足团队成员多层次、多元化的发展需要？这就需要通过制定行之有效的激励措施，从精神层面和物质层面上给予团队成员充分的鼓励。

1. 把成果归属作为有效的精神引导

团队自创立至今，经过长期的奋斗，形成了一大批丰硕的理论和实物成果。研究生新生入学时，团队导师们会组织他们集中进行学习活动，为他们讲解团队往届研究生所取得的科研成果，从理论的前沿突破到样机的更新迭代，这些看得见摸得着的累累硕果，不仅能让新生们感受到团队对学生贡献的认可，还能提高他们对未来发展的信心，也激励着他们迅速进入研究生的学习状态，创造属于自己的科研成果。

2. 把物质奖励作为坚实的生活保障

团队合理设置助研岗位，针对承担项目、课题和研发任务的团队成员每月按时、按工作量发放项目劳务报酬，这不仅缓解了团队成员的生活压力，而且这种物质方面的激励，在一定程度上，也鼓励学生积极地去解决项目中出现的问题，主动跟进项目节点任务。因而，这种物质奖励能极大地激励团队的主观能动性、工作积极性和创造性。

▶▶▶ 育 人 成 效

　　近年来，团队长期坚持以学生成长为中心的育人准则，共培养毕业研究生80余人，其中2人已成为高校教授(1人获得国家杰出青年基金项目资助)、60%的毕业生成为中国电科、中国兵器、航天科技集团等研究所和大型国企的技术骨干，30%的毕业生进入了中兴、华为等行业知名企业，他们将自己的青春热血倾注在不同岗位上，为国家建设添砖加瓦。2007届毕业生訾斌是一名大学教授，担任合肥工业大学机械工程学院院长，他成功入选2019年度国家杰出青年科学基金建议资助项目申请人名单；2011届毕业生张希颖选择留校工作并进入行政管理队伍，在育人岗位上发光发热；2010届毕业生赵晓阳、2020届毕业生王睿入职54所后参加了"中国天眼"FAST、我国第一台主动面大型射电望远镜"天马"等多项国家重点工程研制与保障工作；2011届毕业生孙发威先后参加入闽轮战，亚运空中安保，军委长沙集训，香港回归20周年空中安保，边境战斗式驻训，空军金盾牌比武和多次演习、打靶，先后6次受到各级嘉奖；2015届毕业生宋威多次参加跨战区联合军演信息保障任务，分别于2016、2018年被服役部队评为"优秀基层干部"；2020届毕业生李政凭借扎实的专业能力入选华为菁英计划(SSP)，为我国电子产业技术的发展贡献自己的一份力量。

　　这些已经毕业多年的团队研究生时常回到母校，感恩团队练就了他们坚实的科研本领，感谢团队导师培养了他们积极的工作态度。在西电的学习、生活和科研的经历是他们这一生取之不尽的宝藏和财富。

▶▶▶ 育人工作特色

一、平台奠定基础——锐意进取的团队具有的学术前沿特性，让学生对研究方向充满信心

　　团队承担的各类项目，其研究方向在相关领域均具有一定的前瞻性和学术

代表性，团队主持、参与研究的各类课题均与国家重大发展需求相契合。在团队成员研究方向的选取上，团队不仅考虑学生的兴趣和项目的实用价值，还会顾及学生未来的职业发展规划，这种工作方法使学生对科学研究工作产生了浓厚的兴趣，并以积极负责的态度投入其中。

二、榜样引领前行——以身作则的导师具有的人格魅力，让学生对自身发展充满信心

团队导师尤其是团队带头人，他们那严谨的学者风范、踏实的科研精神、匠心独运的创新思想、广博而深厚的学识，是团队所有成员学习的榜样和前进的动力，并潜移默化地影响着团队中的每一个人，形成了并驱争先的团队氛围，这种氛围使团队在高效运转和快速发展的同时，让学生对自己的培养环境充满信心。

三、文化树立自信——成果丰硕的前辈具有的综合品质，让学生对发展前景充满信心

正是一届届团队成员的开拓创新、接续奋斗，形成了独具一格的团队文化，孕育出了丰硕的团队成果，培育出了大批的优秀人才。在团队文化的熏陶下，每届毕业生都能找到称心如意的工作。而且，在新的工作岗位上，因为出色的个人综合品质和踏实的工作作风，许多毕业生受到用人单位的认可和嘉奖，这为团队树立了良好的口碑，也为一代代新人开拓了道路，指明了方向。

▮▮▶ 经 验 和 启 示

一、不忘初心，育人为本

古人有云"教书育人"，教书与育人是相辅相成、辩证统一的，"以育人为导向"正是教育的基本内涵和本质特征。一方面，导师要做到传道、授业、解惑，培养出符合社会需求的社会性人才；另一方面，导师还要培养学生善于思考、独立解决问题的能力，帮助他们在未来站得更稳、走得更远。而且，导师的教与学生的学，也并非是相互独立的，将两者结合起来统筹思考，导师不仅在教育过程中加深了专业素养，学生也在受教育的过程中获得了进步和发展。

二、四个面向，科研育人

研究生教育作为高层次的学历教育，是衡量一个国家发展水平和发展潜力的重要标志。团队始终以习近平总书记在主持召开科学家座谈会时提出的"四个面向"为指导，结合重大科研课题培育复合型创新人才。近些年，团队负责人黄进教授承担了国家自然科学基金重点项目等多个项目、课题，以此为契机，团队加强教育指导，在科研工作中培育研究生的思想作风和能力，反哺团队建设。同时，团队也将自主创新作为科研工作的前提，以实践需求作为科技工作的指向，致力于打造一流导学团队。

三、以身作则，树立榜样

在教育与培养的过程中，教师和学生总是在相互影响，共同成长。导师是人才培养的主力军，作为文化科学的创造者和传递者，导师既要有深厚的学术功底和较高的学术水平，也要有高尚的道德品质和崇高的精神境界，要能够以身作则，做学生的表率，尽心尽力地培养学生。作为一名合格的高校教师，导师要能为团队的持续成长服务，为学生的幸福生活奠基。

▶▶▶ 师 生 感 受

团队教师孟凡博：在团队学习的几年时光，让我感受深刻的主要有两点，一是团队"师生互动，教学相长"的氛围。每周，团队师生都会对一周的工作进行总结汇报，寻找问题、讨论方案、理清思路。大家在这一过程中思维碰撞，相互启发、共同成长。二是团队"严格要求，注重个人能力培养"的作风。老师自律克己，为团队做表率，学生相互督促，共同养成良好作息习惯。此外，团队对个人观点极为重视，鼓励学生破旧立新，发散思维，谨慎做事，在科研实践中不断提高个人能力。

毕业生范健宇：毕业后成为一名高校教师已经三年了，导师渊博的知识、严谨的工作作风以及为人师表的学者风范至今都令我受益匪浅。在教学和科研工作中，导师以身作则、严谨务实的作风，坚定与执着的科研态度以及诲人不倦的敬业精神都是我学习的榜样。此外，导学团队中的每一位老师和同学的关怀和帮助对我的成长都是不可或缺的，正是他们的陪伴和支持，激励着我在科研道路上勇往直前。

　　博士生张佳莹：我来团队已经三年了，在这三年中，我感受到了和本科阶段学习完全不一样的氛围。我的导师是团队的"灵魂人物"，在他的带领和鼓励下，面对科研难题，同学们总能迎难而上。而且，同学们之间也会经常交流，取长补短，共同进步，并逐步成长为团队的中坚力量。正是他们在学习与生活上给予我的支持和帮助，激励着我在科研道路上勇往直前。

　　硕士生吕胡方：导学团队中的每一位老师和同学都是我学习的榜样，团队老师以身作则、严谨务实的作风，时刻鞭策着我；团队同学积极向上、乐于助人的态度，时常感动着我，这正源于 "驱动观天之眼"团队别具一格的育人模式。来团队的这些年，我不仅感受到了科研的魅力，团队还教会了我做人、做事、做学问的道理。

撰稿人：张洁

校稿人：高宇星、罗丹

基于三元育人的多学科交叉研究生培养模式

——智能制造大数据导学团队

导学团队简介

机电工程学院智能制造大数据导学团队，隶属于智能制造与工业互联网(大数据)研究中心，是我国最早成立的一批工业大数据团队，也是陕西省第一支工业大数据团队。团队由孔宪光教授牵头，于2015年5月20日成立，现有教师20余人，在读硕、博士研究生百余名，是一支具有“跨学科、宽技术、多层次、产学研结合”特点的跨院、跨系、多技术融合的导学团队。团队紧紧围绕智能制造、中国制造2025、工业互联网、数字化转型、人工智能等国家战略布局，面向智能装备、智能工厂与智能服务，将机械工程等传统机电学科与西安电子科技大学电子信息学科优势相结合，并与大数据、人工智能、数字孪生、CPS技术交叉融合，实现了工程驱动、敢为人先、跨界创新、快速成长的团队发展目标。

经过多年建设，智能制造大数据导学团队以优秀的团队理念为引领，先后承担了国家级、省部级科研项目60余项，多项科研、教学成果荣获省级科技进步奖，国家级、省级教学成果奖等荣誉，已授权受理专利、软件著作权百余项。团队是陕西省工业大数据专委会主任单位、全国工业大数据与智能系统分会委员单位，团队还拥有陕西省电子制造大数据工程中心、西安市工业大数据与智能系统工程中心、陕西省研究生示范工作站、陕西省电子制造仿真中心。

目前，智能制造大数据团队逐步将智能制造成果拓展应用于航空航天、船舶兵器、电子电器、高端装备、新材料、智慧建造、能源等领域，推动中国工业数字化转型升级，培养新工科跨学科人才，致力于产学研成果转化并努力成为国内有影响力的智能制造与工业互联网(大数据)研究中心。

▌▌▶ 育人背景概述

2021 年 7 月 1 日，习近平总书记在庆祝中国共产党成立 100 周年大会上指出"未来属于青年，希望寄予青年""新时代的中国青年要以实现中华民族伟大复兴为己任，增强做中国人的志气、骨气、底气，不负时代，不负韶华，不负党和人民的殷切期望！"。研究生是新时代国家发展的主力军，是国家专业技术储备人才，是德才兼备的高层次人才，能够有力支撑科技创新和国家战略发展。与此同时，习近平总书记在中国科学院第二十次院士大会、中国工程院第十五次院士大会、中国科协第十次全国代表大会上明确指出"培养创新型人才是国家、民族长远发展的大计""要更加重视青年人才培养"。

为了贯彻落实全国研究生教育会议精神，促进研究生德智体美劳全面发展，培养造就德才兼备的高层次人才，团队深入总结了在研究生培养过程中遇到的培养目标与社会需求脱钩、新生融入科研节奏慢、综合素质不足等突出问题，创造性地采用了基于三元育人的多学科交叉研究生培养模式。一方面，团队面向社会需求和企业需求，组建跨院系、多技术融合的教师队伍，优化研究生专业结构，与 30 多个单位合作构建产学研合作体系，组建了 10 余个联合实验室，探索"一专多能"发展模式，培养复合型人才；另一方面，团队通过组建学生工作委员会，倡导学生自我管理，充分发挥研究生的主观能动性。团队还依托学生工作委员会，积极开展工业大数据夏令营、工业智能夏令营、导学思政主题教育等团队活动，这不仅能帮助团队新生快速适应研究生生活，还提升了团队学生的综合素养。此外，团队积极组织研究生参与高质量学科竞赛，结合科研项目落实人才培养，为研究生的工作能力和科研水平的提升添砖加瓦。这种多学科交叉研究生培养模式全面提升了团队研究生培养质量，团队力争面向社会需求和企业需求培养具备高综合素质的复合型科学技术人才。

▌▌▶ 育人工作实施过程

智能制造大数据导学团队坚信研究生培养工作需要从"外需"和"内功"两方面出发。"外需"，即在研究生培养的过程中要考虑社会及企业需求。近年来，创新型企业积极进军高精尖领域，对复合型人才的需求逐渐增大，团队敏锐地把握这一机遇，聘任了多名企业专家和顾问担任研究生企业导师，既能够使研究生较早地明确学习目标与方向，也能够促进多学科交叉的研究生培养模式的探索与完善。"内功"，则更多聚焦的是研究生综合素质的培养，需要团队从科研水平、能力教育和素质培养三方面共同发力。科研水平是研究生培养中最基础的内容，科研水平直接影响科研工作者在前沿领域发现问题、分析问题、研究问题和攻关问题的能力。考虑到研究生未来发展和就业的多样性，能力教育和素质培养不可或缺。能力教育可以确保研究生教育培养符合社会实际发展需要，而素质培养对研究生团队素质、思想素质和身心素质等隐形素质和能力的提升至关重要。基于三元育人(即实现育德、育智、育能三元的育人模式)的多学科交叉研究生培养模式是团队自成立以来多年研究生育人工作的总结和凝集。

一、多学科交叉融合，实现跨学科协同育人

在新一轮产业革命浪潮中，我国正朝着人工智能、智能制造等新兴领域开辟新的产业发展方向。这一趋势将使未来的新发现和新突破更多地出现在交叉学科，令企业面临的问题更加多元化、复杂化。以团队参与的某城市地下空间工程大数据示范应用项目为例，该项目在实施过程中，不仅要求参与人员具备地下施工和工程机械相关的专业知识，同时还要求掌握一定的人工智能、系统控制、大数据、信息安全等其他领域的专业知识。如此，才能有效解决盾构装备智能管理与施工过程安全高效控制的基本需求。在全方位人才培养需求的指引下，一方面，团队跨院系、跨学科广纳人才，组建了一支具有跨学科、多技术融合的教师团队，并定期安排组织不同学科的学术沙龙，丰富团队研究生的知识面，拓宽其研究思路，为多学科交叉培养研究生奠定基础；另一方面，因团队研究生本科专业来源较为多元，学生在日常交流中就能实现不同学科知识的渗透普及，而且研究生培养方向也要求各领域师生之间要有合理必要的交叉协作。此外，结合团队发展现状和研究生个人能力培养的需要，团队不断强调"一专多能"的多学科交叉育人理念，即在研究生培养过程中，每位研究生不只有一条培养主线，还能进行合理的"开枝散叶"，辅修其他相关领域的专业知识，从而能有效地培养复合型人才。

二、多措施同时并举，实现科研水平稳步提升

研究生科研水平是研究生独立开展和完成各类科学研究任务所需基本能

力的体现，直接决定研究生毕业以后在实际工作中是否能有效发现问题并提出解决方案，是研究生培养质量的重要体现。为了帮助团队新生弥补科研入门能力和素质不强，无法快速适应日后科研生活的"缺陷"，帮助其"导航定位"，快速进入科研角色，在孔宪光教授等多位教师的指导下，团队于 2017 年首次举办了工业大数据夏令营。夏令营除团队新生参加外，还吸引了其他兄弟高校有深造计划的学生报名。在夏令营活动中，团队教师根据研究方向和科研任务对学员进行分组培训，通过理论培训、组织竞赛、中期检查和结营答辩等环节，明确学员学习内容和阶段性考核内容，再结合"传帮带"模式有序开展科研工作。结束之际，团队组织学员以结营答辩和总结汇报的方式展示学习成果，并通过优秀学员评选鼓励同学们勇攀高峰。迄今为止，工业大数据夏令营已成功举办了 5 届，该活动通过教学和科研实践结合、线上与线下结合的方式，帮助团队新生快速适应研究生生活，进一步增强了团队的科研实力，已经成为智能制造大数据导学团队一张靓丽的文化名片。团队还会利用不同层次的、以重大或前沿科学问题为导向的科研项目引导研究生快速找到其感兴趣的科研问题和科研领域，鼓励他们全身心参与到科研项目的全周期工作与管理中，并从方案设计、科研探索、科研写作等方面入手指导，全方位提高研究生科研工作的参与度。而且，为建立合理的正向反馈机制，调动研究生参与科研的主动性、积极性和创造性，团队制订了合理的成果奖励办法，鼓励和指导研究生及时总结科研成果并形成论文、专利、标准等，推动科研工作深入开展，助力科研水平稳步提升。

三、多维度持续发力，实现能力教育多元优化

科研水平并不是研究生培养质量评价的唯一指标，考虑到研究生就业的多样性和灵活性，能力教育显得尤为必要。科学研究具有一定的创新性和前瞻性，与当前企业非科研岗位用人需求和工作实际存在一定差别，因而团队着重从实习、交流与竞赛三个维度对研究生开展能力教育。团队深知实习是缩小研究生工作经历与就业单位需求之间的差距的重要环节，在不影响科研主线的前提下，与合作单位协调实习岗位，为研究生合理安排实习时间和实习计划。与此同时，团队还积极与上海航天精密机械研究所、中电科十所等一批军工院所以及中兴通讯、中铁一局、青岛海尔、三一重机等 10 多家企业建立全方位多维度合作的产学研联合实验室，借助企业资源为团队研究生安排讲座或交流调研机会，使其深入了解企业需求以及一名合格的企业员工需掌握的基本工作技能。

近些年，为了全面提升工程人才培养质量，各层次各类型学科竞赛竞相举办。为此，团队组建了工业互联网大数据与智能系统科技创新俱乐部。团队积极参与全国工业 APP 大赛、天池大数据竞赛、西电集团创新大赛、工业大数据创新竞赛和华为 AI 应用创新竞赛、全国工业互联网大赛等各类型高质量学科竞赛。在这些竞赛中，有大量赛题源于企业业务难题和实际需求，具有较强的现实意义。通过参加竞赛，研究生不但可以"身临其境"地直面企业难题，而且还能够通过解题提升自身的创造能力和实践能力，为研究生能力提升添砖加瓦。

四、多角色全面参与，实现素质培养开花结果

"素质教育是教育的核心"，习近平总书记这一重要论述揭示了素质培养在人才培养过程中的重要地位。但当前在研究生素质培养方面，普遍存在着精神信仰薄弱、身心不够健全、协作能力不足等问题，问题解决不好，甚至会制约科研团队的发展，影响研究生的身心健康和培养质量。智能制造大数据导学团队就以上这些问题进行了深入思考，并决定从树立教师标杆形象和发挥学生主体作用两方面引导解决问题。一方面，团队建立了一支品德高尚、治学严谨、责任感强的师资队伍，无论在科研工作还是在日常生活中，教师们都能自觉以身作则、身体力行，为团队研究生树立榜样，激发学生的倾慕感和趋向性，从而自觉提升个人综合素质；另一方面，团队倡导由导师指导学生开展自我管理，借鉴学生班级管理方式，于 2017 年 8 月，成立智能制造大数据团队班委会，并于 2019 年初将班委会改组，成立学生工作委员会。团队在原有班委会的工作基础上，根据孔宪光教授对团队项目、成果和活动等管理要求进行总结，扩充了组织管理、宣传管理、项目管理和成果管理等工作内容，让团队研究生大胆地参与团队项目管理体系建设、数据资源平台建设和学术成果管理推进等项目，充分发挥研究生特长，挖掘研究生管理潜能。在学生工作委员会成立和发展的近两年时间里，不断地优化和精简学生工作委员会的架构和职能，它已经成为支持团队快速发展的重要力量。而且，作为师生枢纽，学生工作委员会还以"增强核心价值教育，提高思想政治高度，提升团队凝聚力"为主题，举办了毕业春游活动、体育竞赛活动、导学思政活动，以及年度计划总结暨年终表彰联欢会等一系列师生共同参与、喜闻乐见的活动，构建了融洽的导学关系，为团队全体研究生综合素质提升创造了良好条件。

▶▶▶ 育 人 成 效

近年来，智能制造大数据导学团队通过基于三元育人的多学科交叉研究生培养模式，进一步增进了师生彼此的了解与关心，增强了团队的凝聚力和向心力，激发了团队的创新力和创造力，在团队建设、科研创新、人才培养、产学研合作等多个方面均取得了突出成效。

在团队建设方面，师资规模逐年扩大，交叉融合愈加显著。形成了一支涉及机械、数学、计算机、管理等多个学科，涵盖数字化、可靠性、健康管理、人工智能等多个应用技术研究方向的教师队伍。在科研创新方面，团队陆续承担国家自然科学基金项目、国家科技重大高端装备专项、国家发改委大数据专项、国家工业互联网平台专项、工信部智能制造项目、工信部工业软件专项、国防科工局项目、军委装备发展部项目、陕西省智能制造重大专项、陕西省重点研发计划项目、浙江省重点研发计划项目等国家级、省部级项目 60 余项。依托以上科研成果，团队成员共发表论文 200 余篇，授权受理专利 100 多项，转让 17 项，软件著作权 20 多项，并在信息物理系统领域形成国家标准 2 项，参与各类标准 10 多项，出版了全国第一本工业互联网教材《工业互联网技术及应用》以及《信息物理系统》等。此外，团队研究生还在全国工业 APP 大赛、天池大数据竞赛、西电集团创新大赛等多个竞赛中取得优异成绩，特别是在全国工业 APP 大赛中，连续两年入围全国十二强。在人才培养方面，团队狠抓毕业生质量，除了对研究生学术成果高标准、严要求之外，还注重研究生综合素质的培养，力争面向社会、企业需求，培养具备较高综合素质的复合型科学技术人才。团队已向十三所、广五所、上海航天精密机械研究所、解放军五七零二厂等航天军工研究院所以及华为、美团、中兴、顺丰、格力等电子通信企业输送了众多优秀毕业生，并受到用人单位的广泛好评。在产学研合作方面，团队先后与上海航天精密机械研究所、中电科十所等一批军工院所及中兴通讯、中铁一局、青岛海尔、中国联通、西门子、清华紫光、网易等一批国内外知名企业建设联合实验室及研究生示范工作站，还与美国堪萨斯州立大学等高校成立全方位、多维度合作的产学研联合实验室，把科研与育人紧密结合。

今后，智能制造大数据团队将总结过去，持续巩固成效，不断与时俱进，赋能人才培养，奋发向未来。

▮▮▶ 育人工作特色

近年来，智能制造大数据导学团队紧紧围绕国家政策、学校办学特色和人才培养目标，在对团队研究生进行全面培养的过程中，形成了基于三元育人的多学科交叉研究生培养模式，经过多年的实践和探索，形成了鲜明的团队特色和团队风格。

一、实施多学科交叉人才培养

团队通过组建具有"跨学科、宽技术、多层次、产学研结合"特点的跨院、跨系多技术融合团队，丰富了团队研究生本科专业来源，为"一专多能"教育理念的实施提供了保障。团队坚持在研究生培养主线的基础上，合理涉足其他相关领域，着重培养多学科交叉人才。

二、举办工业大数据夏令营

团队通过举办工业大数据夏令营，以参与课题、组织竞赛的形式，贯穿"传帮带"模式，将研究生新生的科研热情和协作能力的培养前置，并结合定期组织的学术分享、主题讨论等形式的学术沙龙，为团队师生提供交流平台，开拓团队师生的学术视野，激发团队成员的创新思维。

三、成立学生工作委员会

在"学生自我管理"理念的倡导下，团队通过组建学生工作委员会，将实验室管理的主动权交给学生，鼓励学生参与团队的日常管理工作。由学生工作委员会的相关人员定期组织团队运动会、春游、团建等活动，充分发挥学生工作委员会作为学生成长成才路上排头兵的积极作用，加强团队协作意识，促进团队学生健康成长。学生工作委员会的设立，不仅让每一位学生都能参与团队管理，成为团队发展的关键要素，还充分发挥了团队研究生的主体意识，在客观上促进了学生综合素质的提升。

▮▮▶ 经验和启示

2015 年，团队的雏形是由一批具有不同高校教育经历、不同学科背景的教师自由组合形成的科研团队，虽然拥有企业经历的教师占到了一半，但跨学科开设专业、从事智能制造大数据研究还是让老师们犯难。而且，团队成立之初，成员少、项目少、经费少是师生们面临的又一难题。团队之所以能够在短短几年快速发展壮大，培养了一批批优秀的专业人才，正得益于以下两个方面：

一是通过塑造团队文化，形成了师生对未来的共同愿景。经过团队文化建设和凝炼，"从事综合性研究、采用综合性模式、做好综合性创新、开展综合性合作、促进综合性发展，建设一支有文化、有价值观、有使命的综合性学术工业团队"已经成为了团队每位成员的追求。师生们无时无刻不在秉承着"人人想做事，事事要积极；人人有事做，事事要做好；人人要做事，事事要做成；人人谋事做，事事要聚焦"的意志，这种精神也激励着团队师生以更积极的姿态参与团队管理，争做团队高质量发展的排头兵。

二是团队针对学生融入学校、融入学院、融入团队、融入科研的不同阶段，形成了"三级递进"培养方案，即研究生一年级，科研帮学习，学习为科研；研究生二年级，科研立开题，开题抓科研；研究生三年级，科研带论文，论文促科研，并全力保障育德、育智、育能有序融入。这种培养方案贯穿了研究生教育培养的全过程，落实了全面培养适应时代发展的高素质人才的要求，使学生受益终生。

▮▶ 师 生 感 受

团队负责人孔宪光：在聆听了习近平总书记在庆祝中国共产党成立 100 周年大会上的重要讲话之后，我们倍感振奋，深受鼓舞。结合智能制造大数据团队自身发展的过程来看，我觉得团队发展要向中国共产党发展的历史学习。中国共产党发展的历史就是一部可歌可泣的奋斗史，一部改革进取创新驱动发展的自我拼搏史。在未来发展中，团队将遵循以下三点：第一，当前国家进入了新的发展阶段，我们要坚持中国共产党的领导，并要将此贯彻到团队基层管理工作中去。我们还要充分发挥党员先锋模范作用，引导团队面向世界科技前沿、国家重大需求，服务地方经济发展，维护人民生命健康安全，为国家智能制造与数字化转型升级献计献策；第二，国家的发展离不开科技创新的驱动作用，团队将继续坚持产学研合作，围绕国家的重大领域需求例如工业软件、新一代信息技术、工业互联网等卡脖子问题，积极发挥多学科融合特色，带动一大批师生成为实现中华民族伟大复兴路上的先锋力量；第三，习近平总书记多次在重要场合的讲话中对青年寄予厚望，团队也会尽心竭力，以"三好三有"理念为指引，培养德智体美劳全面发展的新一代信息技术人才，为实现我国下一个百年目标贡献力量！

团队教师马洪波：团队成立多年来，从自由探索走向共同目标，从各自为营走向团队协作，其中甘苦只有团队中的每一位老师和同学自知。如今，智能制造和工业人工智能在我们面前展开了一幅崭新的奋斗蓝图，我们将如何在这张蓝图上绘就人生精彩的画卷呢？我们团队所有教师和学生都不约而同地选择了奋斗与团结，也就是选择了希望与收获；选择了纪律与约束，也就是选择了理智与自由；选择了拼搏与超越，也就是选择了成功与辉煌！

团队教师常建涛：无论做事还是做人，贵在"坚持"，这是我在团队工作过程中最大的收获之一。从团队成立到现在，我一直坚持在科研一线、教学一线以及人才培养的一线。相信我们团队的"坚持"，将继续为祖国、社会培养更多的工业大数据人才，为学校的发展贡献力量！

团队教师殷磊：我国工业领域正处于深刻的变革阶段，这给我们教师的教书育人与科学研究工作带来了巨大挑战。面对这个挑战与契机，团队坚持将科学研究与人才培养深度结合，以科学研究为人才培养提供更多的场景与实践，以人才培养为科学研究提供全面支撑，使二者形成良性互动。未来，团队将继续坚持科学研究与人才培养深度融合的路线，以实际行动为社会培养出更多优秀的工业人才。

博士生程涵：我有幸于2016年加入智能制造大数据团队，并见证了团队的快速发展。同时，作为团队学生工作委员会的一员，也见证了学生管理工作从班委会到团队学生工作委员会的发展变化。学生工作委员会的设立，既能让团队学生主动融入团队发展的进程，为团队发展尽一份力，又能提高同学们多方面的能力，还能使团队师生关系更加紧密、更加团结。

毕业生袁明坤：团队组织的工业大数据夏令营、工业大数据竞赛、学术沙龙等活动，丰富了我的学术知识，开拓了我的科研视野，推动着我在学术上不断追求进步。团队教师时常会带领我们到工程实践一线进行应用验证，让我在科研能力、科研素养、工程应用方面得到了很大的提升。而且，精诚合作的团队精神也是激励我创新创造的不竭动力。

撰稿人：孔宪光、程涵
校稿人：高宇星、张海战

"多导师指导，思政、科研、竞赛融合"的个性化培养模式

——可展开结构与机器人技术导学团队

▶▶▶ 导学团队简介

可展开结构与机器人技术(DSR)导学团队以李团结教授为负责人，现有教师8人，博士研究生10余人，硕士研究生40余人，主要研究方向包括空间可展结构、智能机器人、康复医疗机器人、无源互调分析与测试、基础通用件摩擦学与动力学、电子装备机电热分析技术等。DSR团队始终秉承"博观约取、厚积薄发、慎思明辨、笃行志远"的理念，推动思政育人、科研育人、竞赛育人相辅相成，以思导学、以研促学、以赛代学，用实际行动践行"三全育人"指导思想。

1999年李团结教授入职西电，从事机构学与机器人学的研究，在球形机器人、张拉整体机器人、机构/结构设计等方面取得了一批有价值的研究成果，解决了C919飞机方向舵、华为大型机箱大力插拔机构等一批重要工程项目的关键问题。19世纪末20世纪初，我国着手星载大型可展开天线的研究，但由于国外长期的技术封锁，我们一直未能掌握相关的设计理论与关键技术。面对这一需求，2006年，李团结教授带领团队开始了可展开结构关键技术的攻坚工作，在973项目、国家载人航天领域重大专项、国家自然科学基金项目、航天先进制造技术研究联合基金重点项目等国家重大工程背景研究专项的支持下，经过十几年的刻苦钻研，在星载大型可展开天线的网面设计、形态分析、展开动力学、误差分析、金属丝网电性能、无源互调、性能退化等方面形成了创新的理论与方法。研究成果已成功应用在我国通信技术试验卫星可展开网状天线、我国首颗卫星移动通信系统"天通一号"01星大型星载环形网状天线、二代中继卫星首发星高精度伞状天线等多个国家重点项目中，为国家的科技和国防建设做出了重要的贡献。

▮▮▶ 育人背景概述

　　导师是研究生培养的第一责任人，也是研究生成人成才的引路人。DSR 导学团队积极贯彻落实教育部《关于全面提高高等教育质量的若干意见》精神，坚持以科研为基，加强科研教学团队建设，加强和改进思想政治教育，强化实践育人环节，不断完善人才培养质量标准体系建设。

　　团队教师以培养具有创新能力的高素质高水平专业技术人才为目标，多年来逐步形成了一套多导师指导、思政-科研-竞赛融合的研究生个性化培养模式，通过"多导师指导，个性化培养""朋辈传帮带，携手共进步""开拓学术视野，推进科研创新""科研思政，同向同行"等多措并举，引导研究生树立砥砺奋斗之志、培养自立自强之能，促进研究生成长为有志、有识、有为的新时代青年科技工作者。

▮▮▶ 育人工作实施过程

一、多导师指导，个性化培养

　　随着研究生群体的扩招，科研团队规模不断扩大，导师指导学生的精力也随之减少，一对多的研究生指导模式带来了"指导过程流程化""培养模式单一化""师生关系淡漠化"等一系列的问题，这些问题对研究生的个性化和创新能力培养造成诸多不利。因此，团队实施了多导师联合培养制度。

　　首先，团队负责人李团结教授通过培养青年教师、引进海外博士、聘请企业导师等途径，实现了团队导师的多元化发展。团队引进了澳大利亚卧龙岗大学和法国索邦大学的两位海归博士，聘请了包括航天五院西安分院、佩顿科技信息有限公司等单位的企业导师，并与北京镁伽机器人科技有限公司成立了校企联合实验室，实现了可展开结构与天线、智能机器人技术、电子装备机电热技术、电子封装机电热分析技术、空间摩擦学及系统设计、纳米润滑等多个空间领域的全覆盖，为全方位培养研究生的科研与创新能力创造了良好的育人环境。

　　其次，团队以学生兴趣为切入点，为其确定读研期间的研究方向，并为研究生配备责任导师、副导师和企业导师，负责日常问题咨询、学术交流等工作，共同指导研究生论文的选题、开题、中期检查、撰写与答辩，实现了导师之间的优势互补及学科交叉。为了将多导师指导制度落到实处，团队以责任清单的形式明确导师指导任务，要求导师做到科学指导、定期督查，同时，定期开展例会和学术研讨会，确保每位研究生的学业能够顺利开展。

最后，团队以科研项目为导向，综合研究生的知识基础、兴趣爱好、能力水平等因素，为研究生选择合适的科研任务，并组建课题小组，由项目指导老师担任课题组组长，共同完成课题攻坚。在完成课题的过程中，导师们负责把握项目进展及技术途径的准确性，引导学生发挥自身的主观能动性，有意识地培养研究生的高效率探索及创新能力，使研究生在知识、能力、科研素养上得到螺旋式提升的同时，也能从科研实践中获得学术认同感和满足感。

二、朋辈传帮带，携手共进步

为了更好地传承团队文化，激扬年轻人的朝气，团队实施了朋辈传帮带的管理措施，充分发挥高年级对低年级或博士研究生对硕士研究生的"传承、帮助、带头"作用。通过项目经验传授、科研难题协同攻关、日常生活互帮互助，推动团队成员共同进步，并使团队形成了稳定、和谐、开放的学习氛围。

在新生入学时，团队会为每个新生指派一位高年级研究生作为责任人。责任人不仅需要负责引导新生更好地了解团队文化，使新生迅速适应研究生生活，还需要和导师一起共同为新生指定简单的科研任务，并在其执行任务过程中，通过观察，了解每一位新生在知识、能力、科研素养等方面的强弱点，为分配更合适的研究方向和科研任务提供依据。

而且，团队根据硕士生和博士生的培养目标，会有意识地培养硕士生的工程技术能力和博士生的科研创新能力。在组建课题小组时，高年级研究生与低年级研究生、硕士研究生与博士研究生穿插组队，要求高年级研究生和博士生充分发挥模范带头作用，鼓励高年级研究生对低年级研究生进行项目经验传授，这就形成了课题组成员之间相互尊重、协同攻关的团队风尚，同时也增强了团队的凝聚力和向心力。

此外，团队积极组织毕业生欢送会，鼓励每位毕业生从科研、生活、就业等角度畅所欲言，将自己读研经验和心得分享给导师和同学，并就团队管理和研究生培养等方面提出改进建议，从而使团队的管理制度和培养模式不断更新完善。

三、开拓学术视野，推进科研创新

团队定期组织研究生参加国内外学术研讨会，为学生提供与同领域内学者交流与互动的机会，使研究生快速了解本领域学术前沿，开拓其学术视野，提升其创新意识和创新能力。团队鼓励研究生及时将研究成果整理发表在国内外知名期刊或学术会议上，并邀请同领域专家进行评议，为研究生提供和创造展示创造能力和最新研究成果的机会。通过多种形式的思想碰撞，启发研究生的科研思路，激发学术灵感，进一步丰富他们的研究成果、发展其学术体系。

学术为基，实践为本。团队在引导研究生完成实践性科研项目，积累实战经验的同时，还积极组织研究生参加中国研究生机器人大赛、机械创新设计大赛、华为开发者大赛等专业领域的学科竞赛，将团队科研成果应用于比赛作品中，加强对外宣传与交流，使学生从实践与竞技中体会科研的乐趣。

四、科研思政，同向同行

团队自成立以来，始终将思想政治教育贯穿研究生培养的全过程，将科研与育人紧密结合，坚持落实师生的思想政治教育工作，定期开展思想政治活动，通过"体会、思考、感悟"三步走的形式，引导团队师生树立正确的世界观、人生观和价值观，构建符合新时代研究生教育特点的"导学思政"体系。

近年来，团队师生共赴蒲城县闫家村开展科技扶贫和乡村振兴工作，了解闫家村金银花基地建设的艰辛历程及王春颜书记帮助人民脱贫致富的初心与成果；前往西安电子科技大学前身"延安通校"旧址，集体朗诵《延安与中国青年》，向当年奔赴延安的中国青年和通校学长们致敬，展现誓作新时代西电人的决心；聆听负责人李团结教授以"延安精神"为题的党课，从延安精神的孕育期、发展期和成熟期三个阶段，深刻把握延安精神的内涵，树立崇高理想、坚持艰苦奋斗，以昂扬姿态奋进在科研探索的道路上。团队通过一系列导学思政活动，使研究生在提高科研能力的同时，不断提高思想水平、政治觉悟、道德品行和文化素养。

育 人 成 效

经过多年的实践与完善，DSR 团队在教学科研、育人育才等方面硕果累累。团队通过自主研究形成的理论、方法及关键技术已成功应用于我国通信技术试验卫星可展开网状天线、海事卫星大型星载天线、二代中继卫星首发星星载天线、C919 飞机方向舵、液体火箭发动机高速涡轮泵、华为大型机箱大力插拔机构等多项国家级重大工程以及行业亟需领域中。科研成果接连荣获国家科学技术进步奖二等奖、中国电子学会电子信息科学技术奖一等奖、陕西省国防科学技术进步奖一等奖、中国机械工业科学技术发明奖二等奖、陕西省机械工程学会科学技术奖一等奖和军队科学技术进步奖一等奖等荣誉。团队负责人李团结教授于 2019 年荣获中共中央、国务院、中央军委颁发的"庆祝中华人民共和国成立 70 周年"纪念章，2020～2022 年连续三年入围全球前 2%顶尖科学家榜终身成就榜，2021 年获陕西省科技创新领军人才称号。

团队建有省级精品在线课程、国际及中国大学慕课平台，相关成果获评陕西省高等教育教学成果二等奖 2 项。团队老师多次获得"教学名师""师德标兵""人才培养之星""陕西省高教系统优秀青年教师共产党员""十佳青年教师""机械创新设计大赛优秀指导教师"等荣誉称号。尤其是陈永琴老师，多次以高票当选西安电子科技大学"毕业生最喜爱的老师"。此外，团队数十位研究生在就读期间获得国家奖学金、优秀博士论文、优秀硕士论文及优秀毕业生等荣誉称号，多项参赛作品在"中国研究生机器人大赛""华为开发者大赛"等相关专业竞赛中获得国家级和省部级奖励。

团队多年来为各行各业培养了大批专业能力突出、综合素质优异的毕业生。其中有 80 余名毕业生已成为中国航天、中国电科及中航工业等单位的科研骨干，有 40 余名毕业生已成为华为、中兴、小米、OPPO、科大讯飞等企业的研发工程师，还有 10 余名毕业生成为国内重点高校教师。今后，团队将继续贯彻"不忘初心、牢记使命"的精神，将科研与育人作为永恒使命。

▶ 育人工作特色

DSR 导学团队始终坚持以《教育部关于全面提高高等教育质量的若干意见》为指引，形成了特色鲜明的研究生个性化培养模式。一是通过实施"多导师指导，个性化培养"计划，实现导师资源的优势互补与学科交叉，为研究生提供彰显个性的机会和丰富的科研平台；二是通过推行"朋辈传帮带，携手共进步"的培养模式，营造团结向上、和谐奋进的良好氛围，以结对帮扶的形式切实解决研究生所关心的各类实际问题；三是通过执行"开拓学术视野，推进科研创新"策略，坚持"学术"和"实践"两手抓，培养研究生严谨认真的治学态度和理论联系实践的科研作风；四是通过开展"科研思政，同向同行"引

导，激励研究生坚定崇高信念、追求远大理想，为成为全面发展、德智兼备的新时代青年而奋斗。

▮▮▮▶ 经验和启示

教师不仅是学生科研道路上循循善诱的导师，更是学生漫漫人生道路上的引路人。对于教师来说，指导研究生就是一个和学生持续互动沟通，不断帮助学生把握方向的过程。学生的反馈和提问也会促进教师深入思考，双方经过思维碰撞，往往可以获得一种全新的思路与方法，找到问题的更优解决方法。因此，在育人过程中教师要为学生创造更多彰显个性的机会，帮助学生提高专业素养和创新能力。与此同时，教师更要承担起为国家、为社会主义培养建设者和接班人的伟大重任，有意识地把社会主义核心价值观融入研究生培养的全过程，使学生养成躬身科研的态度和以科研之力推动国家发展的思维方式，真正培养出一代代具有民族责任感的高素质、高水平的科研人才。

▮▮▮▶ 师生感受

团队负责人李团结：研究生导师，既是科研的领航者，也是学生人生路上的引路人。我们今后将继续结合国家重大需求，立德修身、严谨治学、潜心育人，解决工程中的关键科学问题，潜心理论与方法创新，彰显思政-科研-竞赛融合的研究生培养模式的特色，继续发扬团队艰苦奋斗、勇于创新的精神，将学生培养为有志、有识、有为的新时代青年。

博士生董航佳：我的硕博阶段都是在 DSR 团队度过的，我有幸得到了团队李团结、王作为和唐雅琼三位老师的共同指导。李老师高屋建瓴，在我博士阶段的选题、中期检查、科研项目开展等方面严格把关，提出了很多建设性建议；而王老师和唐老师既是我科研路上的战友，也是我生活中的伙伴，在我研究生就读期间，给了我多方面的支持。多导师指导模式使整个团队的氛围既严肃又不失活泼，这种指导模式充分尊重、支持每一个学生的想法。在团队这几年，我的科研能力和学术素养得到了非常大的提升。

博士生宁宇铭：加入 DSR 团队已有 3 年之久，团队的老师和师兄师姐们总是认真耐心地为我解答迷惑、指点迷津，从我的本科毕业设计开始，引导我一步步地迈入科研的大门。读博之后，在确定研究方向、遇到科研难题时，他们也会为我提供一些独到的见解和思路，让我受益匪浅，DSR 团队是我最坚实的后盾。

博士生亢珍珍：我的硕转博继续科研之路已近半年，在此期间除了导师的指导和督促，同门的师兄师姐们也给予了我诸多建议和帮助，譬如推荐理论学习参考资料，指导软件仿真，分享科研经验，帮助我快速入门、少走弯路。这种师兄师姐传帮带的培养模式，让同门师兄弟们携手共进、相伴成长，使团队充满浓厚的学习氛围，更让我在科研之路上少了些迷茫，多了些坚定。

撰稿人：唐雅琼

校稿人：高宇星、秦荣

"纵·横·深"三维立体的研究生培养模式

——无限电波导学团队

▶ 导学团队简介

无限电波导学团队(目标与环境光电信息感知研究团队)主要从事复杂环境电波传播与电磁散射特性分析及计算电磁学相关的教学科研工作,是一支具有深厚专业基础及炽热家国情怀的电子信息科学与技术省级教学团队。团队负责人郭立新教授是教育部长江学者、国家杰出青年基金获得者,1993 年毕业于西安电子科技大学无线电物理专业并于同年留校工作至今。从教 30 年来,他积累了丰富的教学经验。

团队最早组建于 1999 年,始终秉持着"师德为先、师风为本、以德修己、常怀于心"的发展和建设理念。现已形成了由 2 名陕西省教学名师,5 名教授,10 名副教授,13 名讲师为核心的专业教学团队。近年来,团队承担了包括国家科技重大专项课题、973 计划、863 计划、国家自然科学基金、国防预研等多项研究任务,并获批科技部重点领域创新团队、陕西省重点科技创新团队,也是西安电子科技大学电子信息科学与技术国家级一流本科专业建设点负责团队。

此外,团队还承担了数值方法、计算物理、大学物理、电磁学、光学、电磁场与电磁波等 10 余门基础课和专业基础课的教育教学工作,负责教育部和陕西省教改重点项目等 10 余项,在大学物理、中国电子教育等刊物上发表教改论文 80 余篇,出版教材 7 部,获得国家级和省部级教学成果奖 7 项。指导研究生在"互联网＋"创新创业大赛、全国和省数模竞赛、大学生电子设计竞赛、挑战杯、星火杯等大赛中荣获赛事奖项 40 余项。

▶▶▶ 育人背景概述

针对研究生专业教育与思政教育的长期独立并行现象，"课程思政"和"思政课程"无法保证研究生培养过程中的全面覆盖等问题，无限电波导学团队致力于构建"导学思政"育人体系，把"立德树人"作为团队研究生教育的首要目标。团队教师坚持"育人"先"育德"，注重传道授业解惑与育人育才的有机统一，不断加强导学团队建设，提高科研团队凝聚力，增强师生合作创新能力。

团队牢牢把握"思政育人，方式创新，营造风气，良性循环"的建设思路，积极进行思政培养方式的创新。团队积极树立榜样典型，感召和激励研究生；在国家宪法日等重要时间节点，组织开展主题活动，使思政教育入耳入脑入心；定期举办交流会或讲座，鼓励研究生关注社会热点和科研前沿领域，形成良好的风气，培养集体意识，根植家国情怀。与此同时，团队鼓励老师与研究生共同科研、共同学习、互相合作，加强师生情谊，定期通过谈心谈话、读书沙龙等形式了解学生、关爱学生。团队还勉励研究生要主动学习人文精神，阅读马列经典著作、革命家自传，欣赏优秀的文学艺术作品。团队还会定期带领研究生到校史馆、博物馆等文化场所进行参观学习，全面提高学生人文素养和道德水平。

无限电波导学团队持续推动导学思政队伍建设，不断进行制度体系优化，积极开展导学思政活动，形成了由团队兼职辅导员整体规划，团队成员推荐、选拔的思政助理负责协调，分组管理、互相监督的模式。团队定期组织思政学习情况互评，奖优励先，在团队中营造争先创优的浓厚氛围。

▶▶▶ 育人工作实施过程

一、师德师风为纲，建立对专业、研究方向的兴趣及认同感

团队负责人郭立新教授钟情于教育教学和人才培养事业，"以爱育爱、用心筑梦、知行合一"是他从教 30 年一直诠释并赓续的育人理念。通过多年经验积累，团队形成了一套严谨的研究生培养模式。为了提高研究生的专业兴趣和科研素养，为后续学习打下扎实基础，团队实现了本科教育和研究生教育的

无缝对接。每年研究生入学，郭立新教授就会及时组织新入学研究生参加师生交流会，亲自介绍本研究领域国内外行业现状及发展情况、团队要求、实验室制度以及学校图书馆提供的各类可能用到的电子资源和数据库。尽管团队中很多新入学研究生本科毕业院校不同，知识基础差别大，但郭老师都能一视同仁，他反复强调目标、态度和学习方法是决定个人成败的细节因素。特别是对于一些起步比较晚的同学，在本科阶段未曾接触过计算机编程仿真软件的研究生，郭老师都会亲自指导相关程序的编写和调试，并定期检查他们的学习进展，确保他们能够尽快熟悉并喜欢上自己的专业和研究方向。

二、以身作则垂范，打造"师生成长发展共同体"

科研之路，永无止境，而导师无疑是这条道路上的指路明灯。在郭立新老师的带领下，团队师生关系融洽，指导老师坚持与研究生共研、共学、共成长，将传道授业与育人育德有机统一。团队教师主动担当实验室日常管理、困难学生帮扶和就业指导等各项工作，通过谈心谈话、读书沙龙等形式深入了解学生、关爱学生。面对科研难题，在每周固定时间的组会汇报上，团队每位老师都会悉心听取学生陈述，并诚恳地给予指导和建议。针对还未明确科研方向的新生，无论多忙，老师们总会耐心地解答他们的困惑，高年级研究生也会和他们分享科研创新的心得体会，带领新生迈进科研的大门。团队时常不忘增强合作精神和协作能力，主张师生协同创新，打造"科研共同体"，提高创新能力；倡导同学间互助共勉，塑造"老带新、传帮带"传统，提高科研热情。"年轻人要树立远大的理想和抱负，出了校门就是国门""自己每天能保证起码的 12 小时工作吗？"是团队负责人郭立新教授常说的两句话，已成为团队每个人的自省名言。郭老师和团队其他老师即使是周末，也会赶早到实验室里开始工作。他们的敬业精神和工作态度感染着每一位研究生，在团队中形成了"认真严谨，严格作息，坚守科研岗位"的良好习惯。

三、制度管理入微，注重科研能力和创新能力的培养

团队重视培养学生的"研究能力、探索意识和创新精神"，针对研究生培养和管理，制订了以科研诚信和学术道德规范、实验室管理规章制度、实验室科研考勤制度、研究生劳务费发放标准等科学、规范的规章制度，并由专人实施监督管理。从论文的开题、中期检查到论文的撰写、修改、定稿再到最后的预答辩、答辩环节的准备，郭立新教授都会亲自指导、严格把关。他要求研究

生的科研方向与学术论文要向世界科技前沿和国家需求看齐，学术论文选题均源于团队所负责的国家级科研项目。他还会根据每位研究生的特点，制订培养计划，指导其选课，并在入学后第一学期期末，为其确定研究方向和研究小组，每个研究小组由 3～4 位相关领域的青年教师带领。在每两周定期举行的小组讨论会上，每位研究生以 PPT 形式汇报近两周的学习内容、遇到的科研问题和下一阶段的计划，并与同小组青年教师、研究生展开讨论。大家集思广益，营造了良好的科研氛围。除此之外，团队还组建了电子邮件组、微信讨论群，郭立新教授经常通过电子邮件、微信向大家推荐最新的科研动态、学术报告活动以及参考文献，并及时回复学生遇到的科研问题。他要求研究生要向本领域国际同行认可的权威期刊投稿，鼓励大家不要怕被拒绝，要学会从评阅专家处了解自己的短处，并积极补齐短板，从稿件的撰写、排版、投稿、回答评阅问题，再到修改定稿等无不是一次能力的提升环。而且，在收到审稿专家的意见后，郭老师总会和学生一起分析并给出相关建议，有时还会亲自参与修改以作示范。经过耐心指导，团队研究生在国内外重要期刊上发表了众多高水平论文，远高于学位授予要求。郭立新教授还常常鼓励团队研究生积极参加各种国内外会议，特别是博士研究生在读期间，要至少参加 1 次在国外召开的本领域公认的高水平国际会议。无论是学生投稿、准备会议材料，还是办理出国手续，在锻炼学生的独立自主能力的同时，郭老师总会给予及时的指导和帮助，带领学生走上国际学术的舞台，绽放光彩。

四、家国情怀沁润，营造爱党爱国的良好思想风气

对于科研工作者而言，除了过硬的科研能力之外，家国情怀与爱国精神无疑是第一位的。一滴水，只有放进大海中，才会永不干涸。有集体意识的科研工作者，必然是有家国情怀的科研工作者。科研工作者，只有将自己的科研与中华民族伟大复兴的中国梦结合起来，才是一名合格的科研工作者。传统思政教育以班级为主体，以课程为主，"课程思政"与"思政课程"无法保证对研究生培养过程的全覆盖，因此需要思政培养方式的创新。研究生学习工作的主要阵地是导学团队，开展导学思政工作很有必要，而首要的一环就是团队良好学习风气的养成。团队实现了集体学习与个体自学的有机统一，结合线上线下渠道，充分利用各种新媒体、新方式，提高师生的思政素养，培养集体意识和家国情怀，改变了传统刻板的授课式思政教育，潜移默化地影响着团队师生，在团队形成了"矢志科技报国，潜心攻关创新"的良好学习风气。

在国家宪法日、全民国家安全教育日等重要时间节点，团队都会组织开展法制教育活动，普及宪法、民法典和相关法律知识，引导团队青年老师和研究生学法、知法、懂法、守法、用法，做合格的社会主义公民；每学期也会适时举办"科研道德与学术规范"报告会，团队教师结合学科研究实际，明确学术底线，给研究生划定"红线"；科研闲暇之余，团队还会组织师生集体观看爱国主义主题教育片或电影，交流心得体会，充分利用丰富的多媒体资源，开展广泛的网络教育，在轻松愉悦的氛围中学好思政这门课。此外，团队还深入开展了研究生文明修身活动，通过文明实验室的创建，让研究生在美好舒心的科研环境与和谐奋发的氛围中陶冶情操、提高修养、锤炼品德。

另外，团队在研究生党员中广泛深入开展"不忘初心，牢记使命"主题教育活动，定期开展政治理论学习，由优秀研究生党员向低年级研究生分享科研学习经历和成长经验。团队还要求研究生要时刻关注社会热点和科研前沿问题，立足自身专业，做到对待热点事件有立场、有态度，并以"关注热点，促进成长，为科研助力扬帆"为主题面向团队全体研究生举办多场交流会、辩论赛，力图使每位研究生成为具有强烈社会责任感和家国情怀的人。

五、人文精神滋养，追求人文素养的全面提升

科研工作者不仅需要科学探究精神，也需要优秀的人文精神的滋养。优秀的人文精神，不但可以为团队师生提供人文关怀，还会反哺并提升研究生思想道德素质、文化素质以及身体心理素质，为科研工作提供新灵感、注入新活力。团队在科研交流平台的基础上，建设了线上人文精神交流平台。在科研之余，团队提倡师生参观文化场馆，欣赏优秀艺术作品，提升自身道德修养和人文素养；团队还引导师生阅读人文经典、马列原著、革命家自传，提高科研热情与创新策源力；团队鼓励师生开展文化体育运动，促进和带动精神文明建设；团队支持师生体悟国学经典，汲取传统文化精华，体味中国人骨子里蕴含的道德感与家国情怀；团队致力于培养一批德智体美劳全面发展的社会主义建设者和接班人。

▶ 育 人 成 效

团队在科研创新、人才培养、社会服务等方面均取得了显著成效。近年来，团队科研成果突出，牵头承担国家级项目 30 余项，出版学术专著 7 部，在 IEEE

Trans. AP、IEEE Trans. GRS、Optics Express 等高水平学术刊物上发表论文 500 余篇，荣获国家科技进步三等奖 1 项，省部级科学技术一等奖 1 项、二等奖 4 项、三等奖 2 项。团队负责人先后 6 次担任国际国内会议大会主席、副主席，15 次担任国际会议分会主席，在 24 个国际会议担任技术程序委员会委员，并做特邀报告 10 余场。

在人才培养方面，团队教学成果喜人，育人成果突出，共荣获国家级教学成果二等奖 1 项，陕西省教学成果特等奖 1 项、一等奖 1 项、二等奖 4 项。多位研究生被授予研究生国家奖学金、社会奖学金以及"优秀研究生"荣誉称号。团队毕业生中绝大多数选择继续从事科学研究工作，就职于海内外高校或研究院所，其中，已有多人获得副教授、教授职称，并获得硕士生导师和博士生导师资格。部分毕业生入职中兴、华为等企业，作为业务骨干，继续从事相关领域的工作。此外，团队中入学时基础较差的研究生，经过团队的培养和个人的努力，毕业时也能够在 IEEE/OSA 等高级别刊物上发表多篇学术论文，最终以扎实的专业能力顺利进入相关高校或者研究所工作，并在工作岗位上取得了优异成绩。

▶ 育人工作特色

一、纵，即从精神层面畅通纵向到底的"主动脉"

团队牢牢把握教育改革发展的"九个坚持"，将思政教育深度融入教育教学，回答了"培养什么人""为谁培养人"的问题，深化课程思政改革创新。一方面，将思政教育与公共课结合，革新"计算物理"等课程思政示范课，引入国家教学名师梁昌洪的"科学的精神与方法"等课程；另一方面，将物理空间与网络空间融合，实现思政教育线上线下全覆盖。

二、横，即以人才培养新方法架起横向贯通的"立交桥"

团队将人才培养新方法贯穿于人才培养全过程，回答了"怎样培养人"的问题，以多措施保障教育教学质量。首先，进行专业理念入学教育，每年新生入学后，在进行入学思想教育的同时还会深入开展专业理念入学教育，使新生全面了解所学专业和研究方向。其次，完善课前教育，引导研究生树牢正确的学术价值观，形成正确的考评观念，帮助团队建立行之有效的考核方式。最后，每学期不定期开展专业报告会，帮助学生了解本专业行业发展新方向、就业市场信息以及行业领军人物的奋斗历程。

三、深，即将教学、实践、管理有机结合深度覆盖"节点"

团队以国家需求为导向，全面实施教学改革，将理论教学、实践教学、组织管理有机结合，为学生能力培养提供必须的资源保障；广泛开展院校合作、院所合作、校企合作，在实践中增长学生才干，在协作中深化团队交流，全面提升学生培养质量。

▶▶▶ 经 验 和 启 示

相较于本科生群体，研究生思想更成熟、社会角色更多元，更需要构建符合本学科以及团队发展特色的研究生"导学思政"体系。通过组织开展导学思政活动，使学生能切实感受到导学团队对学生成长所起到的重要作用。

在学术科研方面，导师在指导学生科研工作的同时，强化思想引领和价值引领，让学生深入了解国家之所需，激发学生的爱国热情，激勉学生的科研动力，激活学生的创新思维，大力培养学生甘于奉献的精神；在校园生活方面，一改以往以实验室为单位的研究生群体培养场景，不断丰富导师对学生开展价值观引领的场景，注重校园文体活动中的师生互育，增强团队凝聚力；在职业发展方面，利用青年导师与高校学生年龄相近，熟悉学生心理特征、思维习惯、话语风格的优势，通过各类活动，将甘于奉献的品质传递给学生；充分发挥本团队青年导师示范引领作用，积极引导学生树立正确的价值观、择业观和就业观。

在导学实践初期，团队也存在着成员缺乏沟通，文化建设薄弱等问题。缺乏沟通，极易造成团队成员关系疏远、内部知识难以共享、互助合作精神缺乏等问题；缺乏文化建设，则会造成缺乏共同愿景、学习创新的动力不足、工作干劲不强、团队精神涣散的问题。通过导学建设，要让团队成员具备良好的集体荣誉意识，促使成员间顺畅而有效地沟通、紧密融洽地合作，并与优秀团队文化建设有机结合，为导学团队的高校运行持续发力。

▶▶▶ 师 生 感 受

团队教师程明建：导学团队的建设极大地拉近了师生之间的距离，以前类似的活动开展得比较少，师生之间虽然朝夕相处，但许多教师对学生的兴趣、能力、爱好等并不了解，学生也对教师存在敬畏之心，交流不够充分，极易造成隔阂。现在，数次导学思政活动加深了师生之间的了解，师生互动更频繁，也让科研学习更加顺利。希望以后在科研工作之余，多开展导学思政活动，增进师生情谊，打造一支和谐奋进的导学团队。

硕士生邱昌奎：作为团队思政助理，我常常协助老师进行思政活动的策划和实施，既体会到了老师的良苦用心，也切实感受到了导学活动为我们团队带来的改变。最显著的一点就是，经过几次导学思政活动的开展，大家精神气更足，团队凝聚力也更强了。而且，得益于活跃的团队氛围，我们的学习科研生活不再枯燥乏味，反而变得轻松愉悦。

博士生张海峰：导学思政活动让我与团队同学们和老师的交流日益增多，我得到很多老师的指导以及同学的帮助，使得我在面对许多问题时有了愈发成熟的看法。而且，我还结交了众多朋友，和他们一起读书、科研、分享经验，让我学到了很多。

硕士生丁建成：刚进团队的时候，作为新生，腼腆的我总是感觉很不适应，尤其是在科研上遇到许多难题时，总是不好意思主动向老师与同学们开口请教。随着每一次团队导学活动的开展，科研经验交流、讲座分享解决了我许多科研上的难题，使我踏入科研之门，而且，文娱互动、社会实践等方式让我能很快地融入团队。我的进步和成长，与各位老师和师兄师姐们的关心和支持密不可分。

撰稿人：邱昌奎
校稿人：张君博

稳固合作型"蜂巢"育人管理体系

——计算电磁学及其应用导学团队

▶▶▶ 导学团队简介

　　计算电磁学及其应用(SIS)导学团队致力于电磁理论、时域计算电磁学及其应用方面的研究。团队在负责人魏兵教授的带领下,二十余载不忘初心、攻坚克难,立志打造我国时域电磁计算应用领域最专业、最权威的研究团队。

　　魏老师本科毕业于北京师范大学物理系,在西安电子科技大学获得博士学位并留校任教。"学高为师,身正为范"的北师大校训,"艰苦奋斗、自强不息,求真务实、爱国为民"的西电精神,以及葛德彪教授等老一辈电磁学专家的言传身教都深深根植于他的内心,并处处体现在他的育人过程中。在魏老师的带领下,团队形成了"在人才培养中鼓励创新,强化实践;培养有情怀、有包容、有活力、有温度的社会栋梁和专业精英"的培养目标,"学生如子女,同室如兄弟;既授人以鱼,也授人以渔"的教育理念和"人人有责任,自觉讲担当"的管理原则。

　　团队坚持教学研做齐头并进,在电磁学著述研究、时域电磁计算能力和人才培养等方面均处于国内领先水平,共出版专著 7 部,授课 8 门,开设相关实验课程 4 门。其中,《电磁波时域有限差分方法》作为教育部研究生教学推荐用书,成为 90%以上设有相关专业高校的教材用书;《电磁波时域不连续伽辽金法》获得国家科学技术学术著作出版基金项目资助;《电磁波时域计算方法》荣获西安电子科技大学优秀教材一等奖。此外,团队在时域有限差分算法等时域算法领域的研究处于国内一流水平,在时域非连续伽辽金方法、时域弹跳射线法等领域的研究特色鲜明,处于国内领先水平。

▶▶▶ 育人背景概述

随着团队师生队伍的日益壮大，团队成员在研究方向、兴趣特长和学习习惯等方面的差异逐渐凸显，新生力量与老一辈人之间开始出现碰撞和竞争。如何合理分配各类资源，构建科学公平高效的管理模式，做到既能满足成员个性化成长需求，促进创新型人才培养，又能满足团队成员全面发展需要，提升业务竞争力和招生吸引力，成为团队急需解决的现实问题。

为了有效提升业务能力和师生凝聚力，团队以完善教育管理体系为主线，以落实导学思政工作要求为抓手，依托"三好三有"导学团队建设经验，创新提出稳固合作型"蜂巢"育人管理体系(见下图)。体系包含知识筑根基、德育齐驱进、制度重科学、平台皆联动、劳逸相结合和实践出真知六大模块，各模块之间相辅相成，构筑了稳定且牢固的"蜂巢"，既象征着师生像蜜蜂一样勤劳勇敢、团结协作、充满智慧，也寓意着团队是师生温暖的港湾和永远的后盾，由师生倾情打造，也由师生共享温情。

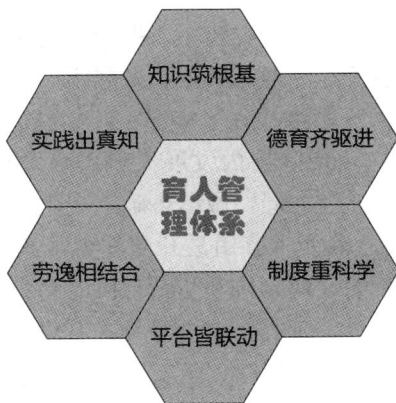

图　稳固合作型"蜂巢"育人管理体系

▶▶▶ 育人工作实施过程

一、知识筑根基：充分发挥教师的示范引领作用

团队创始人葛德彪教授为人温文尔雅，极具学者大家风范，在计算电磁学

领域享有盛名。他对学生教之导之帮之扶之惜之爱之，既是严师也是慈父，全身心为后辈指引成长方向，拓展成长空间。团队负责人魏兵师承葛德彪教授，他在带领团队前进发展的过程中，对葛老师的育人理念和治学风范一以贯之并发扬光大，使之成为团队的精神内核。

　　作为团队负责人和领路人，魏老师以身作则，充分发挥示范引领作用，"打铁还需自身硬"，他既精通专业知识，又在不同领域广泛涉猎，常与研究生在一间实验室工作学习，随时和同学们讨论问题，为同学们答疑解惑。团队秉持"身教胜于言传"的指导理念，要求研究生学会"做人、做事、做学问"，通过老师悉心指导掌握做学问的本领，通过老师熏陶渐染把握做人做事的原则。在"率先垂范、为师如父"的信念指引下，团队导师养成了"学高为师，善待每一位研究生"的指导风格，不仅用渊博的学识征服学生，更以行为示范和人格魅力感召学生，他们对学生们的人生态度、价值取向和生活观念都产生了积极且深远的影响。

二、实践出真知：用社会实践教导学生认知世界、勇当责任

　　团队鼓励师生走出课堂、走出实验室，把论文写在祖国大地上，在实践中帮助研究生领会技术、创新等要素对解放和发展生产力所发挥的关键作用，使他们进一步理解导师的科研思路并获得解决实际问题的经验。通过外出实践，研究生能够更加全面地认识国际国内发展大势，明确自身定位和职业发展规划，将个人理想融入国家发展大局，做出正确的人生选择。此外，团队积极带领研究生参与公益活动，赴陕西省蓝田县开展智力帮扶、文化帮扶和物资捐赠，为山村学子提供力所能及的学业支持和生活保障，助力乡村振兴。团队定期组织红色研学实践，前往照金、延安、瑞金等地参观学习，赓续西电红色基因，强化爱国主义教育。在杨虎城纪念馆、延安革命纪念馆、照金革命纪念馆、瑞金中央革命根据地纪念馆，师生们得到了一次次精神上的洗礼，他们深刻感受到了当前幸福生活的来之不易，在潜移默化中坚定了理想信念，提高了政治素养。

　　通过丰富的实践教育活动，研究生了解社会、增长见识，并激发了责任感、使命感和担当意识。在无数先烈抛头颅洒热血的革命事迹感召下，同学们更加坚定了共产主义远大理想和中国特色社会主义共同理想，为投身科研创新，攻克"卡脖子"难题，服务经济社会发展凝聚了强大的精神力量。

三、德育齐驱进：以德育人，德育为先

团队注重对研究生的人文关怀，导师会从学业、生活、心理等多个方面全方位关心每一位研究生，并贴心帮助大家解决各类问题。魏老师会在入学前主动了解研究生的成长环境和学习经历，通过多种方式鼓励引导大家专心科研，在关怀帮扶的过程中做好思想教育工作。对于住在西安周边、家庭经济较为困难的研究生，魏老师还会登门探望，并提供力所能及的帮助，让他们能更好地完成学业。对于有思想包袱的研究生，魏老师会如慈父一般关怀，通过课后聊天、周末出游、面对面疏导，或者微信留言鼓励、邮箱发长信劝解等方式，想方设法地对其进行劝导，帮助他们重新树立面对生活的信心，增强他们完成学业的勇气。当有同学面临较大的就业压力时，老师们也会主动分享招聘信息并推荐就业单位，为大家提供更多机会。

此外，老师们经常会在就餐、运动和出差过程中与大家交流沟通，把解决思想问题同解决实际问题结合起来。无论是学术困难还是人生困惑，老师们都会不厌其烦地细致讲解，把出差时的枯燥旅程转变为心灵课堂，不断提升思政教育的针对性和亲和力，满足研究生日益变化的成长发展需求。

四、平台皆联动：理论学习与实际应用相融合，务实与创新共奋进

团队全力打造电磁场时域计算方法的研究讨论平台和实验测试平台，旨在将计算电磁理论分析与实测实验相结合，多平台协作推进电磁场时域计算方法的研究进程。立足因材施教和个性化培养理念，团队会根据研究生的兴趣和能力制订培养计划，统筹安排研究生科研与实践活动；定期提交研究报告，强化学术指导，锻造研究生严谨踏实的科研作风；定期汇报项目进展，培养研究生沟通表达能力，确定下一步研究方向；鼓励跟踪学科前沿，直面学术问题，支持研究生将研究成果转化应用；提供先进的实验设备和相应的经费支持，强化理论分析和实验数据相结合，为研究生成长创造条件；鼓励参加社会实践和学术交流，促进研究生学术视野和综合能力双成长，推动团队科研水平和业务能力同进步。

多平台联动，团队既注重打牢深厚的理论基础，又强化修炼扎实的创新功底，不仅巩固了既有的研究特色，还进一步拓展了未来的研究方向，极大地促进了团队发展和师生成长。

五、劳逸相结合：生活不只有眼前的科研，也有远方的山河湖海

在学习科研之余，团队会组织丰富多彩的集体活动，引导研究生畅谈人生理想，积蓄前行力量。魏老师带领同学们奔陕北看壶口盛景，走陕南忆蜀汉石门，登秦岭览大好河山，在欣赏美景、陶冶情操的同时，同学们感受到了祖国壮美的山川和悠远的历史，在游玩中体味坚定、坚持、坚守的奋斗精神。每逢迎新、毕业和其他重要节日，团队都会开展各类活动，"师生同乐、同门齐心"的和谐氛围让同学们的校园生活更加多姿多彩。团队成员之间的积极互动和广泛交流，不断引发师生情感共鸣，进而形成了乐观向上的团队氛围。

在日常教育管理中提倡劳逸结合，旨在丰富研究生的业余生活，帮助大家释放科研压力，开启心理和身体健康的良性循环。当前，随着社会对科研创新和拔尖人才的要求不断提高，研究生面临着越来越大的成长压力，关注研究生身心健康，帮助研究生保持健康的身心状态，是导学团队的重要责任。团队通过集体活动定期为研究生按下减压阀，为严肃苦闷的科研工作增添色彩，从而有效激发了研究生的科研主动性和创造性。

六、制度重科学：以科学为依托，严管理、重态度

团队的高效运行离不开科学严格的管理。计算电磁学及其应用导学团队现有师生 50 余人，实验室 4 间，针对研究生水平参差不齐、任务负担不均、部分成员存在怠惰心理等问题，团队为每间实验室配备了指纹及面部识别打卡机，严格执行签到签退及请销假制度。团队日常考核不单聚焦工作时长，还会结合工作态度和科研贡献，做到奖罚并举，充分调动同学们参与科研工作的积极性，促进研究生科研能力提升和团队均衡发展。

团队为每位研究生提供发展平台，通过营造合作共享的学术环境，激发研究生的创新意识和创新潜力；鼓励把兴趣和特长结合起来开展研究工作，提升研究生的创新能力，促进拔尖创新人才培养。

▶ 育 人 成 效

一、科研创新，成果丰硕

团队先后承担国防 973 项目子课题、国家自然基金项目、前沿创新计划项

目、国防预研领域基金项目、国防重点实验室基金项目和博士后科学基金项目等 50 余项；在 IEEE A.P.、Optic Express、IEEE EMC 等高水平国际期刊上发表论文 200 余篇；在含尾焰火箭、含等离子体鞘套飞行器等复杂目标电磁散射，VLF 电波通信与导航，大型舰船雷达时域回波，卫星通讯链路分析等方面，出色完成了涉及海陆空天各领域的电磁仿真，极大地降低了试验成本，提高了设计效率，为保障国防安全做出重要贡献；团队的研究成果广泛应用于航天科工、航空工业、中电科技等集团下属的二十多个研究所。

二、不忘初心，薪火相传

团队培养出大批优秀研究生，为华为、中兴、小米等知名企业输送了大量研发骨干；为中国农业银行、浦发银行等银行研发中心提供了重要的技术人员；为安徽大学、西安工业大学、西安邮电大学等高校培育了优秀的青年教师；为航天科工、中船重工、军科院等国防单位储备了坚强的后备力量，切实服务国家科技创新、国防安全和经济社会发展。

三、弦歌不辍、砥砺前行

团队有一条约定俗成的规矩，研究生在读期间至少要参加两次团体实践，包括但不限于集体出游、红色教育、志愿服务等。每一次集体活动，团队凝聚力都会显著增强，团队成员之间的了解进一步加深，联系更加紧密，极大地促进了团队文化传承。通过外出实践，研究生对社会有了更为深刻的认识，不仅拓展了眼界，更获得了成长，他们在面对学习和科研工作时，目标更加明确，信念更加坚定，成果产出也有了明显提高。

▶▶▶ 育人工作特色

团队负责人魏兵教授的求学经历，使他兼具北师大和西电的精神特质，而且，他还将葛德彪教授的育人理念和治学风范根植于心，这些理念、精神体现在团队日常管理和研究生培养的方方面面。在魏兵教授的示范和影响下，团队教师形成了同样鲜明的指导风格，这种指导风格激励、带动着团队每一位研究生的成长。

经过多年探索和积累，团队建立了科学完备的稳固合作型"蜂巢"育人管理体系，通过六大模块协作联动，为研究生打造了前景光明、身心愉悦的学习、科研和生活环境。魏兵教授和他的妻子王海燕老师就像团队的大家长，全心关爱着团队的每一位成员，为大家提供着精神养护和物质支持，是每个人心灵的避风港，使同学们思想上不再迷茫，生活中不再忧虑，能够安心地完成学业。多年来，团队培养的研究生全部顺利毕业并走上工作岗位，他们带着鲜明的团队特质开启了新的人生篇章。团队定期开展研学实践，打破了传统思政教育在形式和空间上的局限，把育人工作融入学术指导和团队建设中，使研究生在更加轻松、愉悦的环境中得到潜移默化的教育，极大地提升了育人实效。

▶ 经验和启示

　　导学团队建设是一项复杂的系统工程，团队建设成效的好坏不仅取决于团队自身，还需要依托学校的宏观指导和学院的大力支持。因此，各导学团队必须时刻对标国家对研究生教育的新要求，及时调整工作方向，不断建立完善研究生教育管理体系，促进团队可持续发展。

　　促进团队可持续发展的关键，不是管理体系如何完备或规章制度多么严格，而是先进的团队文化和卓越的团队凝聚力。团队文化和凝聚力培育，必须克服科研业绩至上的观念，要给予研究生充分的学术自由和人文关怀，发挥教师言传身教作用，以德立身、以德立学、以德施教，最终达到导学相长、共同成长的效果。

　　优秀的导学团队负责人只有具备高尚的师德师风、过硬的政治素质和强烈的社会责任感，才能更好的感召和带领团队成员。在日常科研指导过程中，团队导师必须规范行使权利，用渊博学识征服学生，用仁爱之心感化学生。此外，团队必须注重研究生的创新实践能力培养，做到学术指导与实践指引相统一，助力研究生全面发展。

▶ 师 生 感 受

　　团队负责人魏兵：在团队管理方面，我们是摸着石头过河的。得益于老师们的精诚合作和同学们的全力配合，团队逐步建立了一套特色鲜明的教育管理体系，不仅经受住了时间的考验，也彰显了团队强大的生命力。团队在研究生教育管理方面取得的显著成效，让我充分感受到了为人师、为人友的乐趣，和同学们做朋友是一件非常有意思的事。

团队教师李林茜：刚刚从学生身份转换成为老师时，我很不适应，随着对团队管理工作的深度参与，我逐渐对新身份有了全新的认识。作为一名老师，我不仅要指导研究生开展科研工作，还要协调处理同学们遇到的各种问题，团队不断完善的教育管理体系很好地化解了这些难题，为各项工作顺利推进提供了重要保障。

博士生赵斯晗：刚加入团队时，我始终找不到合适的研究方向，十分迷茫，魏老师知道后多次耐心地指导我。由于专业基础不扎实，我提出的问题往往过于简单，老师却从不敷衍，反而融会各方面知识悉心地指导我。老师严谨的治学态度生动诠释了"科研路上无小事"。加入 SIS 导学团队是我人生中最幸运的事。

毕业生石磊：庞大的集体和严格的管理并没有让我感到任何压力或紧张，魏老师的悉心指导和细致关怀，以及师兄师姐们的热心帮助，让我感受到了家的温暖。在 SIS 导学团队的学习经历，不仅仅是只有学术和科研，还有生活本该有的烟火气，以及那种发自肺腑的轻松和愉悦。

撰稿人：王祎心

校稿人：张君博、秦荣

具有中国根基的研究生全球胜任力培养模式

——欣欣向荣导学团队

▶ 导学团队简介

经济与管理学院欣欣向荣导学团队成立于 2005 年，负责人为杜荣教授，共有指导教师 13 名，研究生 60 余名(含国际学生)，其中共产党员 30 余名。团队主要研究方向为知识管理、电子商务、供应链管理、全球化与 IT 服务等。

团队始终坚持"崇德修身，放眼全球，求真创新，顶天立地"的培养理念，在落实立德树人根本任务的过程中，注重培养研究生的国际化视野和全球胜任力，激励和引导研究生在科研上求真创新，勇攀学术高峰，不仅要做顶天立地的研究，还要成为顶天立地的人才。

▶ 育人背景概述

当今世界已进入全球化时代，跨国界、跨文化合作交流频繁，越来越多的中国产品进入国际市场，越来越多的中国企业和机构走出国门。中国企业的国际化发展需要大批具有全球胜任力的国际化人才。2017 年 12 月 12 日，经济合作与发展组织(OECD)在美国哈佛大学正式发布 PISA2018 "全球胜任力"(Global Competence)评估框架，对全球胜任力给出官方定义：全球胜任力是指对地区、全球和跨文化议题的分析能力；对他人的看法和世界观的理解和欣赏能力；与不同文化背景的人进行开放、得体和有效的互动能力，以及为集体福祉和可持续发展采取行动的能力。在这样的背景下，开展研究生全球胜任力培养的探索和实践具有重要意义。导师作为研究生成长成才的引路人，应当充分利用各类国际化资源，培养研究生的全球胜任力。然而，单个导师的国际化资源相对有限，依托导学团队对研究生进行综合、系统化的全球胜任力培养具有显著优势。在实际培养过程中,导学团队始终要把强化意识形态教育放在首位,不断筑牢研究生的理想信念根基,打造具有中国根基的全球胜任力培养模式。

▌▌▶ 育人工作实施过程

一、以思政教育筑牢爱国根基

习近平总书记在全国教育大会上发表讲话时强调,思想政治工作是学校各项工作的生命线,要把思想政治工作做在日常、做到个人。在全球胜任力培养过程中,研究生只有真正读懂中国,才能全面认识世界;只有厚植家国情怀,才能时刻心系天下;只有领悟中国智慧,才能从容应对挑战;只有汇入中国力量,才能更好地造福人类;这是一切工作的基础。

(一) 用科学理论武装头脑

当今中国正处于近代以来最好的发展时期,当今世界正处于百年未有之大变局,两者同步交织、相互激荡。面向世界的中国研究生,必然要面对如何理解中国的发展以及中国与世界的关系等问题。因此,必须用科学理论武装头脑,把马克思主义当作一门能解决实际问题、创造理想社会的真学问,把习近平新时代中国特色社会主义思想作为解读中国、分析世界的钥匙。

团队定期召开师生读书会,在《马克思与马克思主义(英文版)》的读书分享会上,杜荣老师鼓励大家要用马克思主义观察世界、分析世界,深刻理解国家面对的时代课题和世界发展走向,带着现实关怀和世界视角,紧密联系世情、国情变化,探索世界和平发展之道。此外,团队还组织研究生研读《习近平谈治国理政(英文版)》系列丛书,系统地学习习近平新时代中国特色社会主义思想,从不同角度理解中国发展的重大理论和现实问题,全方位认识中国、认识世界。

(二) 用民族精神塑造品格

以爱国主义为重点,深入进行民族精神教育,是中央确定的加强和改进大学生思想政治教育的一项重要任务。开展研究生全球胜任力培养,爱国主义教育是核心,增强他们对民族乃至世界发展的使命感和责任感是重点。研究生要深入学习"构建人类命运共同体"的理念,了解中华民族在世界建设和发展过程中所做出的重要贡献,增强民族自豪感,养成求同存异、开放包容的心态,主动汲取其他国家的先进文化和技术,不断提升文化素养和专业能力,努力成长为具有全球视野的中国人才。

团队以钱学森先生为榜样，激励研究生的爱国热情。通过观看电影《钱学森》、研读《钱学森精神读本》，全面了解钱学森先生青年赴美、励志求学、涉险回国、建功立业的传奇人生，深刻领悟以"爱国、创新、求实、奉献、协同、育人"为核心的新时代科学家精神，凝聚起奋勇争先的磅礴伟力。此外，团队还积极举办"延安红歌"音乐党课、组织红色景点参观实践，让研究生在歌声中，在实地探访过程中感受战争年代革命先烈们的斗争精神与奉献精神，激发他们强烈的家国情怀。

(三) 用多元文化沁润心灵

文化是一个国家、一个民族的灵魂，没有高度的文化自信，没有文化的繁荣兴盛，就没有中华民族伟大复兴。全球胜任力培养离不开脚下的土壤与大地，因此，团队十分注重引导研究生树立文化自觉与文化自信，在团队内部营造以中华文化为主导、多元文化和谐共生的文化氛围，以"不忘本来、吸收外来、面向未来"的标准，培养兼具民族精神和全球胜任力的时代新人。

团队鼓励研究生发展诗歌、民乐等兴趣爱好，并定期开展交流活动，依托外籍学生组建跨文化小组，推动团队内部的文化交流与文明互鉴。每逢中国传统佳节，团队都会组织师生聚会、互赠祝福等活动，弘扬中华优秀传统文化，并积极培养本土研究生在团队学习、科研过程中，争做中华优秀传统文化的传播者。杜荣老师经常强调，作为中国人要时刻展现中华文化的自信和精气神，团队鼓励同学们走向世界，但绝不能崇洋媚外、数典忘祖。团队在全球胜任力培养的过程中，通过强化中华优秀传统文化教育，促进多元文化融合，帮助研究生养成广博的胸襟、开放的心态和包容的姿态，使他们热情地拥抱世界、拥抱未来。

二、以国际化培养提升全球胜任力

团队在开展常规学术指导的基础上，致力于帮助研究生了解世界各国文化，掌握正确认识文化差异的理论和方法，形成运用批判性思维正确认识全球化管理的意识，培养国际化视野。在过去十余年里，团队尝试通过国际化学业指导、多国合作研究、虚拟国际联合培养、中外研究生协同培养等途径，构建研究生全球胜任力培养体系。

(一) 国际化学业指导

团队在开展学业指导时，注重将国际化理念融入研究选题、文献查阅、研究实施、学术研讨、论文写作等各个环节。在研究选题方面，引导研究生聚焦国际前沿领域，面向中国经济、社会和企业的国际化发展需求开展研究工作。在文献查阅方面，引导研究生在熟练查阅国内期刊文献的基础上，瞄准高水平国际期刊，及时掌握国外同行的研究动态。在研究实施方面，充分利用团队导师的人脉资源，安排研究生进入中外合资公司、外国在华公司、海外业务公司等具有国际化背景的中外企业调研、实习，获取反映企业国际化发展情况的第一手研究数据。团队定期组织研究生到中关村软件园、浦东软件园、西安软件园等从事 IT 离岸外包服务的公司做问卷调查和访谈。在学术研讨方面，在引导研究生自主学习、独立思考的基础上，鼓励他们在讨论和沟通过程中使用中英文双语，要求大家在研讨国际期刊论文时制作英文 PPT，并学会使用英文点评论文。对于拟向国际期刊投稿的论文，要求作者与国际学者用英文进行研讨。团队定期邀请国际合作学者参加学术研讨会，近 2 年主办了"学术与研究生国际胜任力培养论坛"，邀请了 20 多位国际知名学者开展在线研讨与讲座，帮助学生获得国际化指导、了解研究前沿、全面提升国际胜任力。

（二）多国合作研究

团队与英国、美国、德国、法国、爱尔兰、加拿大、新西兰、奥地利等国的多位专家学者建立了合作关系，在 2023 年筹建"西安电子科技大学-弗吉尼亚理工大学中美国际合作联合实验室"。利用国际专家资源，探索由中国学者主导，来自不同国家、拥有不同文化背景的学者共同参与的多国合作研究模式，帮助研究生了解不同国家的经济、社会、科技和文化，营造全球胜任力培养环境。

在中国软件服务创新与全球软件服务外包领域，团队与英国伦敦政治经济学院全球外包研究中心的项目团队开展合作，通过现场访谈和问卷调查等方法，从欧美服务外包客户和中国服务外包提供商两个维度，对全球服务外包行业进行跨文化的特色研究。

在跨文化知识管理与创新领域，团队与爱尔兰都柏林大学商务分析中心的项目团队开展合作，收集整理了大量爱尔兰科技及产品的创新信息，对爱尔兰利用科技创新促进产业发展，利用民间商会组织促进知识传播、扩散和转移的情况进行了广泛地调查和研究。

在信息技术和信息系统服务管理领域，团队与美国佐治亚州立大学、弗吉尼亚理工大学、德州大学达拉斯分校、伊利诺伊大学芝加哥分校等多所大学的项目团队开展合作，共同参与项目研究，了解该领域国际前沿科学问题及其定量研究方法，构建国际学术网络。

(三) 线上联合培养

团队利用互联网技术和社交软件，邀请知华、友华的国际合作学者参与研究生线上联合培养，为研究生提供国外导师指导，训练他们的全球胜任力，主要包括以下三种培养方式：

第一，先面对面交流，然后线上指导。在国际合作学者来访时，组织学术研讨会，安排研究生展示研究思路，由合作学者进行点评和指导。合作学者回国后，研究生通过电子邮件和社交软件与之保持联系，进而得到持续的指导。

第二，先线上联系，然后面对面指导。研究生通过电子邮件和社交软件与国际合作学者进行联系，并参与团队教师与合作学者的线上学术研讨。在合作学者来访时，安排相应的研究生接送机，提供面对面交流的机会。期间，通过组织专题学术研讨会，为研究生提供展示研究思路的机会，实现面对面指导。

第三，利用国际学术会议进行交流和指导。安排研究生参加国际合作学者出席的高水平国际学术会议，在参会前与合作学者约定好交流和指导的时间，在参会期间如约开展面对面的交流和指导。

(四) 中外研究生协同培养

近年来，海外来华留学研究生数量不断增加，团队承担了部分来华留学研究生的培养工作。为了充分利用海外来华留学研究生资源，团队积极探索中外研究生协同培养模式，打造国际化培养氛围，提升研究生的全球胜任力。

首先，团队将研究方向相近的来华留学研究生和本土研究生进行学术配对，形成多个学术小组，鼓励他们在学习和科研过程中开展合作与交流，提升本土研究生的英语听说能力，通过国际化交流场景，积累国际化交往经验。

其次，团队在导师一对一个性化指导的基础上，鼓励学术小组交流、讨论，并定期举办中外研究生共同参加的学术研讨会，要求每位同学分享研究思路和研究方法，对相关领域前沿理论和最新发表的高水平论文进行自由研讨，提升大家的国际化视野和国际化能力。

▶ 育 人 成 效

在全球胜任力培养理念引领下，经过多年创新实践，团队取得了一系列卓有成效的育人成果。在硕士生培养方面，1 名硕士生毕业后考入商务部，从事国际商务合作相关工作，因表现出色，被选派至中国驻黑山大使馆；2 名硕士生毕业后进入华为公司，1 人就职于华为大学，负责华为全球员工培训，1 人就职于华为人力资源总部，负责华为全球"天才少年"项目；此外，还有 2 名硕士生毕业后在中兴公司负责全球业务拓展。在博士生培养方面，团队培养出了多位在信息系统应用研究领域具有较强国际竞争力的博士生。其中，2 名博士生在全球商学院普遍高度认可的 UTD24 顶尖期刊上发表论文；1 名博士生得益于良好的国际合作研究能力和在国际顶尖期刊上发表的研究成果，成功申请美国弗吉尼亚理工大学博士后职位，并荣获管理科学与工程学会优秀博士论文奖；1 名博士生因其良好的跨文化交流与沟通能力，在美国佐治亚州立大学联合培养期间，被聘任为一门本科生课程的主讲教师。

育人工作特色

欣欣向荣团队自成立之初就坚持把国际化理念融入研究生培养全过程，经过多年探索和实践，形成了鲜明的育人特色，建立了以国际化视野为牵引的研究生全球胜任力培养体系。在实际培养过程中，团队通过拓展研究生的国际视野，激发了同学们自主学习的积极性和在国际化团队中协作创新的潜能，不仅产出了具有国际水平的研究成果，更提升了同学们在全球化场景中的沟通能力和人际交往能力，增强了全球胜任力。

在育人过程中，团队不断发现并完善全球胜任力培养体系存在的问题。特别是在看到国内顶尖学府的部分毕业生出卖国家利益的报道后，团队开始深刻反思如何为研究生全球胜任力培养凝魂聚气，坚守"为党育人、为国育才"的使命。为此，团队积极引导研究生"立大志、入主流、上大舞台、干大事业"，把提升思想政治素质作为提升全球胜任力的基础和前提，打造具有中国根基的研究生全球胜任力培养模式，努力培养既有中国精神，又具世界胸怀，既有人文科技素养，又具全球胜任力的新时代国际化人才。

经验和启示

在中国走向世界舞台中心的当下，开展全球胜任力培养是提升研究生综合素质，服务国家战略需求的重要手段。传统的全球胜任力培养模式注重对国际化视野的拓展，强调对跨国界、跨文化合作交流能力的提升，却忽略了对民族文化身份认同和中国价值立场的教育，导致部分学生模糊了个人、国家和世界之间的关系，变成了没有根基的浮萍，获得的也只是空洞的全球胜任力。

欲放眼世界，必立足中国。培养全球胜任力必须以筑牢中国根基为前提，用科学理论武装头脑，用民族精神塑造品格，用多元文化沁润心灵，充分发挥思政教育强基固本的坚实作用，强化研究生的身份认同、文化认同，为国际化能力培养提供健康、肥沃的土壤。以此为基础，团队通过国际化学业指导、多国合作研究、线上国际联合培养、中外研究生协同培养等方式，构建国际化培养体系，充分发挥研究生全球胜任力培养的系统效应。

欣欣向荣团队在传统全球胜任力培养方法的基础上，探索出具有中国根基的研究生全球胜任力培养模式，特别注重发挥思想政治教育在全球胜任力培养过程中凝魂聚气的关键作用，极大地提升了研究生的国际化能力，培养出了一大批德才兼备的高层次人才。未来，团队将继续探索实践，不断优化研究生全球胜任力培养模式，增强育人实效，更好地服务于新时代研究生教育改革发展。

▮▮▮▶ 师 生 感 受

团队负责人杜荣：欣欣向荣导学团队培养的人才，兼具"胸怀祖国、搏击世界"的特质，他们无论身处何方，永远心系祖国，展现出了卓越的全球视野和国际竞争力，能够在全球性事务中出色地为祖国效力。

毕业生蔡逢媛(商务部派驻中国驻黑山大使馆工作人员)：培养研究生全球胜任力，一方面要充分发挥国内育人模式的优势，建立起扎实的基础知识体系和符合国情的思政教育体系；另一方面要鼓励研究生敢于放眼全球、走向世界，善于适应多元文化与思想。欣欣向荣团队的育人理念便是如此，每位同学都能在团队中有所成长、有所收获，为日后走向工作岗位打下坚实的基础。

博士生苗雨濛(曾在美国佐治亚州立大学联合培养)：在美国联合培养期间，我深切感受到了不同文化之间的思想碰撞和多样交流。感谢团队一直以来所坚持的培养理念，帮助我快速地融入了多元文化之中，与来自世界各地的朋友们展开深度交流与合作。与此同时，我始终不忘本来，努力用国际语言发出中国声音、讲好中国故事、传播中国力量。

撰稿人：杨蕊谦、艾时钟、杜荣

校稿人：霍学浩

研究生"三链融合"导学思政育人新模式

——桃李管工导学团队

▶ 导学团队简介

桃李管工导学团队是以第二届"三好三有"研究生导学团队——由李华教授带领的桃李华夏导学团队为基础，由经济与管理学院管理科学与工程学科陈希、孙秉珍和温浩宇三位教授以及王方、郭宁、吴爱萍等青年教师和研究生组成的团队。截至 2022 年 12 月，团队现有师生 71 人，其中教师 7 人、博士生 14 人、硕士生 50 人。

桃李华夏导学团队创建于 2000 年，在 20 余载的育人实践中，逐渐形成了"先学做人再学做事"的育人理念、"传、帮、带、引"的育人机制、产教融合的育人模式和活泼健康的育人文化。面对新时代研究生教育的新形势和新要求，为了积极探索"大学科下小团队共融"的研究生思政教育新模式，开辟学校导学思政育人机制改革新路径，经过五位教授深入研讨和谋划，在桃李华夏导学团队的基础上组建了桃李管工导学团队，共同开展研究生思政工作。

桃李管工导学团队近年来共发表 SSCI/SCI/CSSCI 检索期刊论文 90 篇，其中一类、二类贡献度论文占比 53.3%；先后有 5 名研究生获得国家奖学金，2 名研究生获得特等奖学金；在第五轮学科评估中，贡献了一批"在校生代表性成果"，培养了一批"代表性毕业生"，育人成效十分显著。

▶ 育人背景概述

研究生思政教育关系着研究生的价值取向、精神状态和综合素质，是研究生培养过程中的关键一环。当前，由于专业教育与思政教育相对独立，"课程思政"和"思政课程"无法保证对研究生培养过程的全覆盖，影响研究生思政

工作质量提升。经济与管理学院规模小、学科多、专业多，难以参照工科院系建立以重大科研项目为牵引的大型导学团队建设机制，普遍存在导师自带团队、团队规模较小、跨团队合作较少等现象，不同导学团队之间的思政教育方法和模式大相径庭，育人效果难以保证。在此背景下，为适应新时代研究生培养的新特点，落实立德树人根本任务，桃李管工团队按照学校导学思政育人机制改革的相关要求，积极开展试点工作，以学生成长链为主线，着力构建"学校学院党务育人为'核心'、导师团队思政育人为'补充'、学生组织自我管理为'支撑'"的"三链融合"导学思政育人新模式。

▶▶▶ 育人工作实施过程

　　为了切实推进导学思政育人机制改革，团队提出"以学生需求为驱动，以学生全面发展为目标"的总体思路，并针对不同年级研究生开展深入细致的调研，制定工作方案，依托导师组和学生组开展一系列育人活动，构建"三链融合"导学思政育人新模式，见图1。

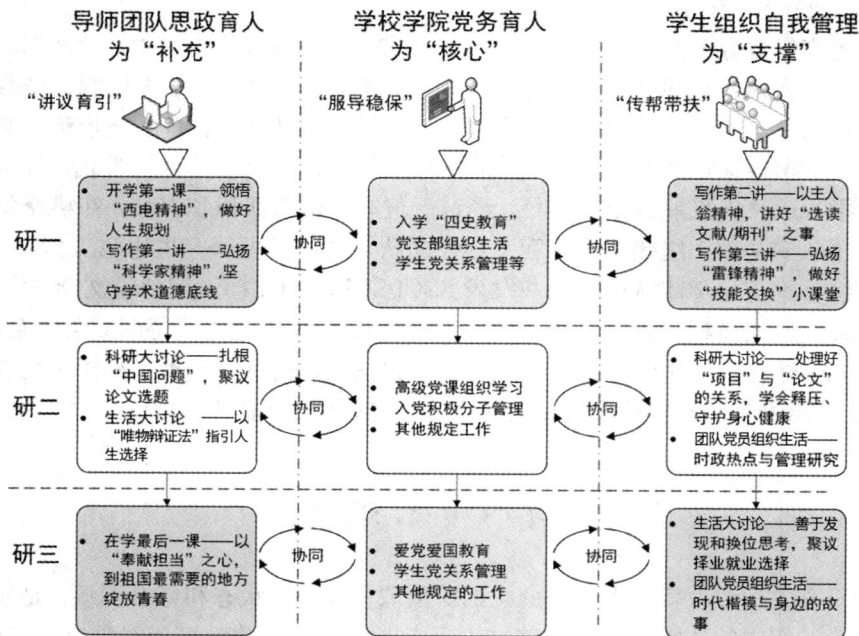

图1　桃李管工团队"三链融合"育人思政模式

一、举行导学思政系列活动启动仪式，开启团队育人新篇章

为了统一师生思想，明确目标任务，团队筹划并举行了导学思政系列活动启动仪式，并通过对团队组建背景和基本情况进行全面介绍，帮助师生了解团队开展导学思政育人机制改革，探索构建特色研究生培养模式和团队管理体系的详细规划和重要意义，明确团队在学院研究生教育改革过程中所发挥的示范引领作用，增强师生的荣誉感和使命感，为进一步推进工作打下了坚实的基础。

在启动仪式上，温浩宇教授以《生活大讨论——以"唯物辩证法"指引人生选择》为题，为团队师生讲授唯物辩证法的核心思想，并以硕士毕业选择"读博"还是"工作"为核心论点，与同学们展开深入讨论，帮助大家理性分析、解决在学业和生活中所遇到的困惑。从"择学、择业、择偶"到兴趣和爱好，这样的交流不仅为研究生提供了抒发情感的机会，还拉近了师生之间的距离。

二、实施弘扬科学家精神主题教育，引导研究生恪守学术道德

习近平总书记指出，科学家精神是科技工作者在长期科学实践中积累的宝贵精神财富。作为新时代研究生，必须不断学习、弘扬科学家精神，才能肩负起历史赋予的科技创新使命，把个人学术追求融入国家发展建设的伟大事业之中。为此，团队开展"弘扬科学家精神，坚守学术道德底线"专题教育，充分发挥导师榜样示范作用，通过报告、交流等形式，激励研究生树立远大的学术理想。

陈希教授通过解读钱学森先生爱国奋斗、功昭德重的一生，以生动、鲜活的故事为抓手，引导学生思考什么是"心怀祖国，服务人民"的爱国精神，什么是"十年磨一剑、甘坐冷板凳"的科学家精神。周晓阳教授以自身科研志趣与求学成长经历为蓝本，分享了身边诸多榜样追求科研梦想的故事，告诉大家只有坚持爱国信念，坚守科研诚信，才能取得重要突破。孙秉珍教授为研究生讲解如何规范开展学术研究，并以"静心读书、用心做事、诚信为人"勉励大家在做学问时要肩负社会责任感和使命感，不忘西电人"厚德求真，励学笃行"的校训。

"繁霜尽是心头血，洒向千峰秋叶丹。"在老师们的谆谆教导下，同学们

更加坚定了将殷殷爱国情和拳拳赤子心融入祖国发展事业的决心与信心。

三、组织国内外时政热点讨论，聚焦研究中国管理问题

团队鼓励研究生关注国内外时政热点，研究中国问题。依托党支部学习教育，团队定期组织研讨交流，学政策、悟思想、观大局、明方向；在学思践悟中了解社会，增长知识，拓宽视野，培养发现问题、分析问题、解决问题的能力。

研讨活动由研究生自行组织，形成了自我学习、分组研讨、集中辩论等多种形式，内容涵盖习近平总书记系列讲话、国家政策、国际关系和重大国际事件等方方面面，拓展了学生组织自我管理的新局面。同学们结合各自的研究领域，积极发言，相互碰撞，涌现出许多管理研究落地解决现实问题的好思路和从中国管理实践中找到研究选题的好想法。

四、开展红色景区研学实践，强化研究生理想信念教育

红色景区承载着我们党波澜壮阔的革命史、艰苦卓绝的奋斗史、可歌可泣的英雄史，是红色基因的"孕育地"、红色精神的"储存库"。开展红色景区研学实践是激发家国情怀、培养集体主义精神、增强社会责任感、促进研究生身心素养全面发展的重要途径。

团队充分利用红色资源开展理想信念教育：组织参观陕甘边革命根据地照金纪念馆，学习"不怕牺牲，顽强拼搏的英雄气概；独立自主，开拓进取的创新勇气；从实际出发，密切联系群众的工作作风"的照金精神；重走红军路、探访红军寨，缅怀革命先烈自力更生、艰苦奋斗、英勇顽强、不怕牺牲的英雄事迹。在革命旧址为毕业研究生上"最后一课"，激励同学们在新的人生征途上坚守初心，做有情怀的青年筑梦者；志存高远，做有工匠精神的青年奉献者；脚踏实地，做有力量的青年搏击者。通过沉浸式体验，为研究生成长发展积蓄磅礴的智慧和力量。

五、建立"传帮带扶"育人机制，促进研究生互助成长

团队定期组织学术分享会、经验交流会等，通过博士生作主题报告、全体同学参加讨论的形式，推动学术交流。依托同学之间"传帮带扶"，助力科研工作传承发展。研究生在互助成长过程中，既培养了主人翁精神，又练就了勤

于学习、善于思考、精于总结的能力，促进共同发展。

　　白军成博士从"选文献、下文献、选期刊"等维度分享学术经验，介绍了下载文献时可以利用的数据库、选择期刊时可以参考的网站，以及金融决策领域的顶级期刊目录、权威学者信息和文献分析方法等，帮助大家快速入门。杜丹阳博士为同学们展示自己整理的管理科学领域的期刊资料，介绍并演示了在下载文献、查看期刊详细信息时可以用到的一些小工具，帮助大家提高科研效率。一次次的分享展示和答疑解惑，有效激发了同学们的学术兴趣，促进了团队科研水平提升。

▶ 育 人 成 效

一、社会服务多

　　团队培养出一大批扎根基层、服务社会的优秀毕业生，包括中国大学生自强之星、全国暑期社会实践优秀个人称号获得者韩鹤林，入选中国青年志愿者扶贫接力计划，长期在陕西汉中、蒲城等地支教的李雪、郭奕君和王啓年，入选陕西省选调生，荣获"扎根基层、建功立业"先进个人称号的李波等。

二、科研本领强

　　团队研究生作为主要完成人，面向世界科技前沿，参与省部级以上研究课题 10 余项；面向社会经济发展需求，为中国电建集团、西安市长安通公司、西安远诺技术转移有限公司等贡献经管智慧。在《IEEE TRANSACTION ON FUZZY SYSTEMS》《PROJECT MANAGEMENT JOURNAL》《WASTE MANAGEMENT》《中国管理科学》《科技进步与对策》等国内外一类、二类贡献度期刊发表论文 48 篇，6 位团队毕业生的论文荣获校"优秀学位论文"。

三、人才培养精

　　团队通过形式多样的学术活动，加强朋辈交流，充分发掘校友和社会资源，拓展实践渠道。组织研究生参与各类学科竞赛，以赛促学。相关项目成功晋级中国"好设计"创意奖，荣获中国"互联网＋"大学生创新创业大赛全国铜奖

/陕西省金奖、中国研究生数学建模竞赛二等奖、陕西省工业工程改善创意竞赛一等奖等。

▶▶▶ 育人工作特色

一、机制设计有特色：以学生需求为导向，做好顶层设计

为做好导学思政育人机制改革，团队由导师组提出总体思路，在开展深入调研的基础上，组织导师、秘书、兼职辅导员和研究生代表召开了三次讨论会，分析研究生需求，制定工作规划，最终形成《"桃李管工"研究生导学思政育人机制改革创新试点团队工作方案》，构建了"三链融合"导学思政育人新模式。

二、活动形式有特色：以师生协同为路径，破解育人难题

针对研究生面临的思想困惑、学术困难和生活困扰，团队提出导师"讲议育引"＋学生"互助成长"工作思路。"讲议育引"是指以导师为主导，通过讲座、讨论、教育和引导等形式，帮助研究生树立正确的世界观、人生观和价值观。"互助成长"是指以学生为主导，通过经验分享、学术讨论和技能传授等形式，培养研究生的集体观念和互助精神。

三、内容建设有特色：以立德树人为目标，促进全面发展

团队紧扣立德树人根本任务，通过导师专题报告、学生互动交流、外出研学实践等方式，实现对研究生德智体美劳的全方位教育。围绕研究生成长发展需要，团队有针对性地创新工作形式和内容，探索导学思政育人新模式，发挥导师言传身教和朋辈示范引领作用，提升育人实效，促进研究生全面发展。

▶▶▶ 经验和启示

桃李管工团队在实施导学思政育人工作的过程中，针对不同年级的研究生设计不同的活动，做到科学规划、个性化培养。针对研一新生，通过学习西电校史，开展生涯规划，培育以爱国主义为底色的科学家精神；针对研二学生，通过学术交流和时政热点讨论，帮助他们提升学术水平，拓展人生视野，实现

全面发展；针对研三毕业生，通过研学实践和就业指导，增强他们的社会责任感，端正择业就业观，引导他们平稳踏上人生新征程。

丰富的育人活动充分证明，研究生教育可以把思想启蒙作为出发点，逐渐延伸到科研实践和日常生活中，启迪研究生认识自我、实现自我、超越自我。导师主动关心研究生在学业和生活上面临的困难，拉近了师生之间的距离，帮助研究生更快更好地融入科研生活。学长学姐的经验分享，名人名家的典型事迹，以及红色景区的研学实践，有效激发了研究生的独立思考，帮助他们养成坚韧不拔的意志和战胜一切困难的勇气。

导学团队的思政工作以习近平新时代中国特色社会主义思想为指导，坚持立德树人根本任务，立足学科和团队特点，面向研究生成长需要，组织系列育人活动，将校内教育培养和外出研学实践有效结合，形成了科学高效的导学思政育人体系，促进了研究生全面、健康发展。

▶ 师 生 感 受

团队导师温浩宇：参加导学思政系列活动，不仅能帮助我及时了解研究生的思想动态和学习需求，还增进了我与同学们的情感交流，使我们在思想和学术方面相互促进、共同成长。对每一位研究生个性和特点的充分掌握，能够让我更有针对性地制定培养方案，真正做到因材施教。

团队思政助理师艺轩：作为思政助理，我参与了团队组织的历次活动。老师们的主题报告帮助我树立了学术理想，学长学姐的技能分享帮助我提高了专业水平，每一次研学实践都让我对人生、对奋斗有了更深的理解。正是这些点点滴滴的学习和进步，推动着我不断成长。

毕业生王好：在团队学习期间，我多次参加党员学习教育和时政热点讨论。同学们的经验分享，极大地拓展了我的视野。与同学们交流讨论，极大地提升了我的沟通能力。通过学习"时代楷模"事迹，让我明白了一个人最大的价值实现就体现在为人民服务的过程之中。这些研究生阶段的丰富经历，是我最宝贵的人生财富。

撰稿人：王方、李华

校稿人：张君博、张海战

"基于学科特点，贯通为人为学"的研究生培养模式

——最优化导学团队

▶▶▶ 导学团队简介

最优化导学团队致力于最优化理论、算法及其交叉应用研究，现有教师5名，在读研究生30余名。团队负责人刘三阳教授先后荣获国家级教学成果奖3项，陕西省教学成果奖10余项，省部级科学技术奖一、二等奖7项，陕西省优秀教材一、二等奖2项，同时被评为国家级教学名师、国家级高层次领军人才、全国电子工业系统优秀教师、陕西省首批科技新星、陕西省有突出贡献专家、陕西省首批师德楷模、陕西省教书育人楷模，入选教育部跨世纪优秀人才计划和2023年全球前2%顶点科学家榜单。团队已培养研究生400余名(其中毕业博士120多名)，博士后10余名。近年来，团队成员先后发表全球热点论文、ESI高被引论文、中科院高区论文等具有国内外影响力的学术论文近百篇，获校级和省级优秀博士学位论文10余篇。团队学生累计荣获国家奖学金、全国研究生数学建模竞赛奖、星火杯、陕西省研究生创新成果奖等省部级以上奖励50余项。毕业生中约40人获评教授，8人次入选省部级以上人才计划，10多人担任大学正副校长、正副院长及国内外知名企业高管。中国数学会理事长、北京大学原副校长田刚院士，中国工程院崔俊芝院士等10多位专家学者曾到访团队，参观指导。最优化导学团队成为学校数学学科研究生培养的重要展示窗口。

▶▶▶ 育人背景概述

最优化导学团队主要研究优化理论和方法,用于解决信息科学、工程技术、经济管理等领域的实际问题。团队秉持"诚实做人、踏实做事、扎实求学、追

求最优"的理念和"诚、勤、专、实"的队训，形成了"比、学、赶、帮、超"的学术氛围，引导学生把做人、做事、做学问贯通一体，利用数学学科特点，培养学生思维的逻辑性、条理性、严谨性、批判性和灵活性，启发学生将数学思维与最优化思想方法用于专业学习和现实生活中，指导他们的日常行动。如此，使学生养成了精益求精、争取卓越的人生追求，时时处处事事选择最优方案，优化人生，润物细无声地进行学科育人。这些都是"学习优化，优化人生"团队育人理念的真实写照。

"学高为师，身正为范"，团队负责人刘三阳教授与学生亦师亦友，既严管又厚爱，抓两头、促中游，定期发布"约法三章"，提醒学生严守学术规范，防止弄虚作假。通过线上、线下相结合的方式，众多毕业生实现了"传承""互学""反哺"，成为团队育人工作的重要补充。团队始终与国内外多个顶尖学术团队保持着长期的合作交流，为团队教师和学生开拓学术视野提供了便利。

最优化导学团队在不断探索中前进，逐步形成了"因材施教抓两头、树立典型促中游、比学赶帮争上游、追求最优创一流"的培养方式。

▮▮▶ 育人工作实施过程

一、以"例"启迪树典型

剖析典型例题，引导触类旁通是数学学习中的一种重要方法，刘三阳老师常常将这种方法用于育人过程，带领同学们开展借"例"启迪研讨会——既在"例"，又在"研"。用"例"树立典型，通过典型案例结合每个人所处的境遇加以推广，引导学生自主"研"讨典型案例并结合自身实际境遇汲取经验教训。研讨会主要围绕"时代先锋"与"科研进展"两个主题展开，将育人与治学相融合，帮助学生在多目标多约束条件下优化自己。"时代先锋"主题研讨会由刘老师列举他所接触到的优秀人物，大家一起学习其先进事例，了解人物发展轨迹，提炼可学习之处。刘老师指出，大家到西电读硕士、博士的机会来之不易，应倍加珍惜，向时代先锋看齐，树立远大目标，扎实追求卓越。

每个时代先锋的成长轨迹可能无法被完全复制，但其克服困难的方式，对待逆境的豁达态度以及在平凡工作岗位上不断进取的精神却是具有普适性的。团队成员在学习时代先锋的过程中，会不断结合先锋人物的优秀品质完善自我。并深刻意识到起点低并不意味着终点低，只要不懈努力，完全可以低开高

走。刘老师阅历丰富，交往的各界人士众多，一个个人物故事可以信手拈来。例如，他讲述的全国政协委员、江苏锡山中学校长唐江澎的故事就对成员产生了很大触动。唐校长由于小儿麻痹症与名校失之交臂，但他却从未放弃上进的步伐，一边教书一边自学，先后取得大专、本科学历，并在教书期间获得一系列荣誉称号。如今他已经成为江苏省校本课程开发研究所所长、无锡市惠山区政协副主席、无锡市惠山区教育局副局长。通过唐江澎校长的经历，团队成员意识到努力的步伐不应因身处困境而停止。人生没有既定的终点，青年学生应当自强不息，不因困境乱于心。刘老师还以他负责高考数学命题过程中认识的延安中学蔺治萍老师为例，介绍她从中师学历开始勤奋钻研，一步一步成长为特级教师、正高级教师、全国劳动模范、全国"三八"红旗手、国家级名师的事迹。最优化导学团队通过一个个鲜活案例鼓励学生要珍惜学习时光，严于律己、勤奋求学，步入社会后要踏实工作、向善向上，努力实现自己的人生价值。

科研进展研讨会以团队成员汇报科研工作进展为主，交流生活经验为辅。在汇报中，以科研工作汇报为"例"，引导成员自主"研"讨不足之处，思考改进方向。这种研讨会已经从传统的单向输出变成了所有成员的交互式输入输出，促进了团队内部成员相互学习、取长补短、共同进步。受具有严密性的数学学科特色的沁润，最优化导学团队在研究生教育中始终坚持抓早抓细抓实，形成了常态化的检查和成员间互相提醒的机制。团队还注重讨论式、探究式、研究型学习，鼓励学生参加学术会议和学习班，并定期举行经验交流和进展汇报。刘老师还经常讲述一些自学成才、做出重大成果的人和事，研究生们深受启发和激励。

二、跨越时空一"线"牵

最优化导学团队良好的教育与学习风气，会在团队成员毕业之后通过线上会议的方式继续传播。线上会议将在校师生与已毕业的团队成员紧密联系在一起。研究生培养有期限，而最优化导学团队的传帮交流却不受时间和地域的限制。团队毕业生遍布全国各地，但他们的名字对当前的团队成员并不陌生。而且，毕业生们对团队现有研究方向也十分了解，这均得益于团队特殊的线上会议。最优化团队的线上会议通常在节假日定期举行，分为学术汇报和自由交流两部分。前者由在校成员进行学术汇报，后者则是团队成员之间自由开展学习和生活上的交流。通过这种线上会议的方式，毕业生们经常分享学习和工作方面的经验，激励在校成员珍惜机会，注重培养解决问题的能力。在这个融洽的交流平台上，团队成员拓宽了视野，增加了阅历，拓展了思考问题的深度和广度。最优化团队无时无刻不在关注着每一位学生的成长，通过线上会议这个特殊的桥梁，在校成员可以根据自身情况借鉴学长的成功经验，不断完善自身。刘三阳老师会参与整个线上会议，指导在校成员的学业和科研进展，询问毕业成员的生活近况，关心大家的发展。在饱含着人文关怀的愉悦气氛中，刘老师引导学生要树立正确的人生观、价值观。一个优秀的导学团队、一位有责任感的导师会跨越时空关心学生的现状乃至整个人生发展，这对团队成员的成长发挥了重要作用。积年累月，一批批团队成员积极进取，身怀远大抱负与社会责任感，崇德向善，牢记嘱托，实现自身价值，奉献国家社会，在各自领域发光发热。

三、互助互学"传帮带"

最优化导学团队在刘三阳老师的引领下形成了一种"传帮带"的教育管理模式，旨在更好地进行高质量、个性化的研究生培养。该模式将导师指导学生、学生间互帮互学、高年级学生带低年级学生有机结合，形成了良性的教育环境。团队致力于完善和精进这种"传帮带"模式，关注每位成员成长，注重因材施教和团队精神，以实现成员内部的协同共进。这种教育管理模式看似简单，实际上需要团队成员正确的人生观和真诚的信赖感做支撑，而最优化导学团队恰恰具备了这样的前提条件。团队成员之间通过丰富多彩的团队活动建立起了深厚的友谊，活动形式包括但不限于运动会、经验分享会、郊游等。每次活动的策划、组织、参与、总结也都潜移默化地锻炼、培养了成员们做事的条理性、逻辑性、灵活性等数学特色思维，同时也搭建起了成员之间信任的桥梁，各成员之间互相欣赏、取长补短、共同进步，一起创造了最优化导学团队的辉煌成绩。硕士研究生付豪说："在我发表学术论文的过程中，龚育冬博士给予了我很大的帮助。研究生期间要完成一篇优质的学术论文，无疑要投入大量的时间和精力。在国庆节假期中，当我为论文中的图表设计感到头疼时，龚师兄向我伸出了援手，他不惜牺牲自己的休息时间，仔细研究了我论文中与图表相关的部分，并耐心教我如何绘制既美观又严谨的图表。他详尽地回答了我所有关于论文图表的问题，最终我的论文被录用。团队暖心的'传帮带'也让我想起了刘老师的教导——不仅要学会如何高效科研，更要学会做人做事，学会团结协作，这样以后走出校园，才可能在工作和学习中做出更大成绩。"在正确的人生价值观引导下，团队成员逐渐认识到"1＋1＞2"的效应，在师生间、同辈间的交流、合作、协助中共同进步并不断成长。最优化导学团队真正将"传帮带"的教育管理模式贯穿于团队生活的方方面面，并将相对有限的教育资源作用最大化。

四、择"优"而从助人生

最优化导学团队研究方向众多，其共同的基础便是优化。优化是一种重要的思想方法，也是一种工具，利用这种方法可以解决很多现实问题。刘三阳教授常常强调，既要利用优化原理在学术上做出成果，也要利用优化方法在生活中指导行动。人生处处是选择，而选择自然希望找到最优方案，这本身就是优化问题。如果一个人善于运用数学思维、优化方法来指导行动，凡事做出最优决策，就会在工作和生活中提质增效、少走弯路。经过研究生阶段的培养后，团队成员已将优化思想融入血液中，"优化"已成为团队成员自觉的行为习惯，指导日常行动。这实际上就是立足于自身条件选择最优的过程，正所谓学习优化，优化人生。

最优化导学团队导师每年都会对研究生教育成果进行总结，并立足于现有培养方式进行分析研究，制订下一步的培养工作计划，继而对培养模式做出动态调整，这也是"优化"研究生培养的过程。刘老师还会定期作《研究生之研究》报告，从学风、选题、研究、写作等方面指出育人过程中发现的新问题，寻找问题产生的原因，并提出相应对策，逐步优化和完善培养过程。

▮▮▶ 育 人 成 效

最优化导学团队自成立以来，已成功培养了 120 多名博士和 260 多名硕士，他们遍布全国各地，以扎实的专业知识、良好的综合素质和出色的工作能力，在各自行业中大显身手。许多毕业生已成长为高校的校长、院长、教授，或者在华为、百度等世界知名企业任职管理层。团队 2 人入选中国科协优秀中外青年博士交流计划(西电共 3 人)，数十人荣获国家奖学金、全国研究生数学建模竞赛奖、星火杯一等奖等国家级荣誉和奖项。1985 年出生的高卫峰成长为全院最年轻的教授、博导，入选国家级青年人才，从事智能优化理论与应用研究，主持了国家级、省部级自然科学基金 10 余项，荣获陕西省科学技术奖一等奖 2 项，是第十二届陕西青年科技奖、第八届吴文俊人工智能优秀青年奖获得者。近年来，最优化导学团队成员发表全球热点论文 1 篇、ESI 高被引论文 8 篇、中科院高区论文 100 余篇，1 篇硕士论文获评国际统计学会简·丁伯根优秀论文奖，1篇论文入选2015年百篇最具影响力国内学术论文，3篇论文获评陕西省优秀博士论文，4项成果获陕西省研究生创新成果一等奖。在陕西省硕士学位论文抽检中，团队成员的论文保持优良纪录。在2021年专业硕士学位论文抽检的我校100多篇论文中，有2篇论文获得优秀成绩，其中1篇是本团队硕士生的论文。

▌▌▶ 育人工作特色

最优化导学团队自成立以来，在刘三阳教授的带领下，逐渐形成了独特的育人工作风格。

一、因材施教，尊重个性

最优化导学团队关注学生多样化需求，提供个性化培养方案，探索建立了多层次、全覆盖的学生培养发展体系。一方面，团队以人为本，关注学生实际需求，充分尊重学生意愿，发挥其长处，进行个性化培养，帮助学生选择自己擅长的研究方向，跟进学生科研进度，及时提供相应的前沿文献；另一方面，团队以学为要，基于"传帮带"的教育模式，将导师指导传授、学生相互帮助、高年级带动低年级有机结合，达到对学生高质量、个性化培养的目的。

二、诚勤专实，塑造品格

团队大力倡导和落实"诚、勤、专、实"的队训，诚指诚实、真诚；勤指勤奋、用功；专指专心、专长；实指踏实、实干。团队以此塑造学生的优秀品格，利在当前，功在长远，为学生的后续发展和人生道路打好基础。

三、基于学科，优化人生

最优化导学团队鼓励学生将数学思维和优化原理等学科特色运用到日常生活中，充分利用学科特点和学科方向的优势，培养追求卓越、寻求最优的思维方式和行为习惯。将追求最优的团队宗旨与时代精神紧密结合，培养学生的家国情怀，提升学生的责任担当、道德品质、文化素养、实践能力和创新精神，优化人生。

四、言传身教，严管厚爱

团队导师以身作则、言传身教，其勤奋敬业、一丝不苟的精神潜移默化地感染着学生。导师经常以事说理、借例发挥，并用亲身经历教导学生为人、为学之道。导师还经常与学生打成一片，一起开展体育运动，锻炼身体。导师时常教导学生，有学位，更要有品位；有文凭，更要有文化；有学历，更要有学问；有知识，更要有见识。导师既严格要求、强化督促检查，该批评时就批评，又关爱学生，热情帮助学生解决学习、生活和就业方面的困难。

▶ 经 验 和 启 示

一、营造良好的育人氛围，贯通做人做事做学问

团队注重德育，以培养有理想、有担当的科技人才为目标，在发展过程中逐步形成了"比、学、赶、帮、超"和"诚实做人、踏实做事、扎实求学、追求最优"的文化氛围。团队强调接受研究生教育不仅仅是为了学位，更重要的是在培养过程中要经受做人、做事、做学问的系统教育和训练，养成良好的思维习惯和行为规范，从而终身受益。

二、因材施教、因势利导，实行个性化培养

根据学生之间的个体差异，团队导师制定多样化、个性化的培养方案，促进每位研究生顺利发展。团队导师每年都会对研究生学习进展进行全面总结和反思，对现有培养方式进行改进和优化，"量体裁衣"制订下一步"合身"的培养计划。

三、基于学科特点和方向特色，开展学科育人

立德树人是高校的根本任务，研究生教育重在育人。团队立足于学科特色，发挥学科优势，将知识传授与价值引领、治学研究与做人做事融为一体，引导学生将数学思维、优化思想应用于现实生活中，做到"学、思、用"贯通，"知、信、行"统一。

四、对其他导学团队开展育人工作的建议

因材施教，尊重个性，扬长补短；利用学科特点实施学科育人，将育人工作贯穿于培养全过程；营造良好的文化氛围和育人环境；对研究生既要严格要求，又要关爱帮助；导师的言传身教和综合素养对学生影响甚大，因此，导师也需要不断学习、不断修炼，提高学养和素质。

▶ 师 生 感 受

刘三阳老师既重视对学生自学能力、科研能力和科学精神的培养，又重视教导他们做人、做事、做学问，这深深地影响着团队中的每一位成员，他关于学习和生活中要善于运用数学思维和优化原理的教诲更是团队师生成长、发展的指路明灯。他在做人、做事、教学、科研等方面兼顾并进，为团队师生树立了榜样。他严谨治学、言传身教、关爱学生的名师风范，更是令众多受教学子终身难忘。

已毕业的李巧萍博士在校刊发表的《恩师刘三阳印象》一文中回忆了刘老师惜时、博学、爱才、厚德的诸多事例，其中写道："刘老师常教诲我们，天下难事必作于易，天下大事必成于细，细心之人大多责任心强。他在整理文稿时，常常精雕细琢、不断推敲。我想这只是他注重细节的一个侧面，他的这种严格严谨的习惯，已经渗透到他工作生活的方方面面。我每次写东西让刘老师签署意见，他都会让我提前把电子稿发给他，无论多忙，他都会仔细地把文档读完，并逐字逐句修改，连标点也不放过。他写的意见中肯贴切、简明扼要……记忆深刻的一次是在和刘老师一起开会途中，他在一个不起眼的门店前停了下来，顺手拍照，当时我们不解其意，刘老师就给我们讲了这随手一拍的原因：原来是他看到了门两边很有意思的对联，上联是"来人客上天然居"，下联是"居然天上客人来"，上下联的文字顺序恰好相反。他告诉我们，这叫回文。古代有有名的回文诗，数学中也有有趣的回文数。这次刘老师用他的行动给我们上了一课，正如他常说的，处处留心皆学问。

博士生龚育冬：刘老师在工作和学术上都极其认真，追求完美。他要求我们做每件事情都要尽可能达到完美水平，无论是学习报告还是递交的书面材料，他都会仔细检查。他会指出我们在措辞、语句、条理以及符号和标点使用上的问题。我知道自己和其他同学有差距，但在刘老师的鞭策和指点下，我也

看到了自己正在不断进步，期待自己能够做到更好。

　　硕士生陈明月：无论是在科研还是日常生活中，刘老师都给予了我们极大的帮助。他引导我们用数学的眼光来观察问题，用数学思维来分析问题，并用数学方法来解决问题。刘老师不仅是这样教导我们的，他自己也是这样做的。刘老师工作头绪繁多，非常忙碌，却办事高效，能把各项工作处理得井井有条，为我们树立了榜样。在未来的生活中，我将以刘老师为学习的楷模，时刻铭记老师的教诲，闯出自己的天地。

　　长江学者马建峰：我自己也是学数学出身，深知数学基础和最优化方法的重要性。刘老师领导的最优化团队建设历史长，培养理念先进，导学经验丰富，学科特点突出，育人特色鲜明，育人成效显著。该团队为国家培养了大批高层次人才，提供了学科育人的典范经验，很有推广示范价值。

撰稿人：张晓荣、龚育冬、刘三阳

校稿人：张君博、林波

"面向国家重大需求，实现科技自主创新"的深度产学研融合育人模式

——宽禁带半导体导学团队

导学团队简介

宽禁带半导体导学团队现有师生 400 余人，团队负责人郝跃院士深耕宽禁带半导体领域多年，是微电子学专家，也是我国第三代半导体领域的开拓者和引领者。历经四十余载，郝跃院士带领团队成员摸爬滚打，用十年冷板凳，换来我国第三代半导体从核心设备、材料到器件的重大创新，引领我国第三代半导体科技进入国际领先行列。

团队负责人郝跃院士，曾获得国家技术发明二等奖 1 项、国家科技进步二等奖 2 项、陕西省最高科学技术奖 1 项；2010 年荣获何梁何利基金科学与技术进步奖，并两次入选科学中国人信息与电子类年度人物，2021 年荣膺"全国教书育人楷模"荣誉称号。他先后出版前沿知识教材 14 本，获评 2015 年陕西省优秀教材一等奖，主编的《集成电路设计丛书》全套 12 本入选"十三五"国家重点出版物出版规划项目。他主导的微电子教育教学模式获得国家教学成果一等奖和陕西省教学成果特等奖。

郝跃院士以科研育人为导向，锻造了一支雁阵引领、言传身教、接续奋斗的立德树人教师团队，并于 2021 年获评"全国高校黄大年式教师团队"。团队形成了政治素养高、家国情怀深、治学态度严、创新精神强的良好育人风尚。在团队"崇尚学术、追求卓越"科研育人文化的熏陶和感染下，郝跃团队培养的学生综合素质好，科研创新能力强，毕业后在各行各业表现突出，先后有 60 余人成长为国内知名科研院所骨干，超过 100 名学生进入华为、中兴、中国航天、中国电科等知名企事业单位，还有一大批学生投身我国教育事业。

作为国内最早从事宽禁带半导体研究的团队之一，一代又一代莘莘学子将个人成长与国家事业发展紧密融合，在团队里收获、启程。团队校友也已成为

包括半导体在内的中国电子信息产业的中坚力量。在多年的辛勤耕耘下，团队老中青三代携手共进，代代相传，面向国家重大需求解决实际问题，形成了微电子领域的繁荣局面。

▶▶▶ 育人背景概述

半导体行业从诞生至今，先后经历了三代材料的变更历程。第三代半导体即宽禁带半导体，以氮化镓和碳化硅为代表，以金刚石、氧化镓、氮化铝等为下一代技术牵引，切合节能减排、智能制造、信息安全等国家重大战略需求，是支撑新一代移动通信、新能源汽车、高速轨道列车、能源互联网等产业自主创新发展和转型升级的重点核心材料，已成为全球半导体技术和产业竞争的焦点。

我国为加快推进第三代半导体技术和产业化的发展，实现自主可控和产业升级，国家层面多次提及要加快第三代宽禁带半导体材料的发展，并先后印发多项鼓励性、支持性政策。我国半导体功率电子和射频电子产业虽已形成从材料、器件到应用的全产业链，但整体技术水平还落后世界顶尖水平 3～5 年。研究宽禁带半导体技术，正是突破上述瓶颈的有力抓手，这就迫切需要在材料、器件、封装及应用等环节的核心关键技术，及可靠性、一致性等工程化应用问题中寻求突破。为了有效解决该问题，团队提出了"面向国家重大需求，实现科技自主创新"的深度产学研融合的育人模式。该育人模式以服务国家重大战略和区域经济发展为目标，瞄准第三代宽禁带半导体关键技术难题，聚焦学科前沿，打破学科壁垒，强化交叉融合，突破关键核心技术，培养国家急需人才，形成产学研纽带，努力实现微电子学科国际领跑，支撑我国宽禁带半导体事业的自主创新发展。

▶▶▶ 育人工作实施过程

所谓"面向国家重大需求，实现科技自主创新"的深度产学研融合的育人模式，包括面向国家重大需求选取科研方向，鼓励培养研究生自主创新，加强深度产学研融合三个维度。

一、面向国家重大需求选取科研方向

"科技创新事业发展要坚持面向国家重大需求",这是习近平总书记在科学家座谈会上的重要讲话中提到的"四个面向"之一,也是新中国科技工作一直保持的优良传统。郝跃院士带领的宽禁带半导体导学团队在科研道路上不断践行这一精神,在做研究的同时敏锐地洞察微电子技术前沿,面向国家重大需求选取研究方向,这也是学术带头人郝跃院士对团队发展的内在要求。坚持面向国家重大需求,就是要坚持需求导向和问题导向。

郝跃院士敏锐地察觉到,宽禁带半导体材料研究可将电子学与光学紧密结合,必然具备单纯的电子学或光学不具备的优势,同时也有很高的学术和应用价值,容易形成先发优势。他多次指出目前宽禁带半导体主要在三个领域有强大的市场竞争力:第一是射频器件,即微波毫米波器件。相比于砷化镓和硅等半导体材料,在微波毫米波段的宽禁带半导体器件的工作效率和输出功率明显更高,极适合做射频功率器件。民用射频器件主要用在移动通信方面,包括现在的 4G、5G 和未来的 6G 通信。例如,国内新装的 4G 和 5G 移动通信的基站几乎全用氮化镓器件。尤其是 5G 基站采用 MIMO 收发体制,每个基站 64 路收发,耗电量是 4G 基站的 3 倍以上,而且基站的密集度还要高于 4G 基站,采用高效率的氮化镓器件是解决上述矛盾的最佳技术路径。第二是大功率电力电子器件。快充装置、输变电系统、轨道交通、电动汽车和充电桩等都需要大功率、高效率的电力电子器件。宽禁带半导体,尤其是氮化镓、碳化硅具有比其他半导体材料更为明显的优势,现今基于氮化镓器件制备的大功率、高效率、小体积的消费级快充产品已经走进了千家万户,未来也将能更好地服务于国家经济发展。第三是光电器件。宽禁带半导体在短波长光电器件方面有很明显的优势。如今,大部分半导体照明已经采用了氮化镓。在紫光、紫外光甚至在黄光、绿光等方面,都可以直接用氮化物半导体作为发光材料。此外,宽禁带半导体在其他应用领域,例如探测器、传感器等方面也具有十分广阔的应用前景。

"微电子不微",这是郝跃院士常挂在嘴边的一句话。微电子技术是一个国家核心竞争力的体现,是国家综合国力的标志。他说,作为科研工作者,要承担起自己的使命,正所谓看准方向行对路。只有把国家重大战略需求放在首位,使科技创新与国家的发展、民族的需要、人民的利益同向同行,才能让科技创新走在符合国家核心利益和重大需求的光荣之路上,进而为国家发展和民族复兴作出卓越贡献。团队立足于重大需求,以前瞻的眼光,逐渐将研究的焦点转向了宽禁带半导体,并最终聚焦到国际上刚起步的以氮化镓为代表的宽禁

带半导体材料上。在研究中，团队不断钻研，锐意进取，努力攀登科学高峰，立志为实现中华民族伟大复兴、为推动构建人类命运共同体作出应有的、更大的贡献！

二、鼓励培养研究生自主创新

郝跃院士在团队发展中一直强调创新，要求必须坚持站在国际前沿，服务国家、满足国家发展的重大需求。宽禁带半导体导学团队依托大项目与基础理论研究的相互支撑，不断开拓创新。在郝院士的引导下，团队中有一部分师生主动承担起重大型号和装备研发，并将结余和奖励性经费拿出来购买急需的实验设备，持续改善科研环境和提高研制能力；另外，还有一部分师生侧重基础理论研究，在微电子前沿领域做尖端的"摘星星"工作，从源头解决科技发展的从"0"到"1"的问题。当然，不论是项目还是基础理论研究都离不开团队的创新能力。

根据多年教学实践和产业实训经历，郝跃院士结合国家教学改革形势，不断创新教育理念、总结教学经验模式，积极推动学校与国际国内知名企业深度合作，依托国家级教学与科研实验平台，打造人才培养实践体系，显著提升学生的创新素质，以适应微电子领域高速发展的需求。

为了提炼和总结教学改革成果，郝跃和团队成员多方搜集资料，打磨推敲，最终以"基础与应用融合、产学融合、科教融合"为微电子人才培养新理念，以技术发展和产业需求为牵引，构建并实施了"理论课程—实践能力—创新素质"三位一体的微电子复合型创新人才培养模式，获得 2018 年国家级教学成果奖一等奖。该培养模式被西安交通大学、华南理工大学等多所高校借鉴采纳，并在全国高校电子信息类课程教学改革会议、教育部示范性微电子学院建设工作推进会上介绍推广。

在团队"崇尚学术、追求卓越"科研育人文化的熏陶和感染下，郝跃院士团队培养的学生在各行各业表现突出，并以"综合素质好、科研创新能力强"著称。先后有 60 余人成长为国内知名科研院所骨干，超过 100 名学生进入中国航天、中国电科、华为、中兴等知名企事业单位，部分成为中芯国际、德国英飞凌公司等跨国公司的领军人才，还有一大批学生投身我国教育事业。

三、加强深度产学研融合

习近平总书记在党的二十大报告中明确提出，"加快实施创新驱动发展战略。加强企业主导的产学研深度融合，强化目标导向，提高科技成功转化和产业化水平。"产学研深度融合，是深化科技体制改革的一项重要内容，在宏观层面能推动经济增长方式由要素驱动向创新驱动转变，在微观层面能实现企业、高校和科研院所等产学研主体的深度融合，形成创新合力。

宽禁带半导体导学团队依托西安电子科技大学，在郝跃院士的带领下成立了陕西电子工业研究院，从而搭建了研究成果和企业产品之间的桥梁。为了改变国内企业研发和大学研究之间的脱节以及大学和产业追求的理念完全不一样的现状，团队根据市场需要、企业需要，明确研究所和大学投资的目标和研究的方向，助力团队博士研究生和硕士研究生的成果转化。

除此之外，团队连续多年组织的微电子行业校友会，作为全校首个行业类校友会，为促进产学研融合发展起到了极大的作用。团队连续多年举办的微电子行业校友论坛活动已经被打造成为集成电路全产业链校友交流平台，并成为西安电子科技大学微电子人的重要名片，这也极大地促进了西安电子科技大学微电子领域的产学研融合发展。

▪▪▪▶ 育 人 成 效

团队先后承担了多项国家自然基金项目，前沿创新计划项目，重点实验室基金项目，国家科技重大专项，国家973计划、863计划，国家重点研发计划、重点项目等百余项国家级重大重点项目。在宽禁带半导体(GaN)器件、材料与设备、微波毫米波太赫兹集成电路与工艺、超宽禁带半导体(金刚石、氧化镓、氮化铝)器件、材料与设备、石墨烯及二维半导体器件与材料、柔性新能源与可穿戴器件等领域面向国家重大需求、面向国际学术前沿、面向国民经济主战场，坚持学术研究与工程应用并重，实现了多领域的创新发展。团队的科研成果被广泛应用于航天科工、中航、中电科等集团的二十多个研究所。

在郝跃院士的带领下，一批又一批西电学子将个人成长与国家事业发展紧密融合，很多毕业生都已成为行业翘楚和相关领域的领军人物。郝跃院士先后指导培育的中青年学术骨干入选各类国家人才工程和计划者10余人，其中包括十九大代表、全国三八红旗手、工信部电子五所总工程师恩云飞，国家级人才张进成、马晓华、郑雪峰、张金凤、毛维等，还包括周弘、宁静、赵胜雷等一批国家级青年人才和省部级人才。

团队累计培养博士后20余名，博士百余名，硕士数百名，为华为、中兴、中国电科、紫光等企业输送了大量优质年轻力量，其中包括步步高教育电子集团 CEO 金志江、中国电科 2020 年度十大青年拔尖人才张凯、华为宽禁带半导体技术专家段焕涛等。团队还为招商银行、中国银行、农业银行等银行研发中心提供技术人才支持，为中航科工、中船重工等集团及旗下研究所储备了坚实的支援力量，也为国内外高校培育了众多优秀的青年教师，同时，更为军科院等国防科研单位提供了坚强的后备军，培养了大量的优秀高层次人才。

▐▐▐▶ 育人工作特色

团队从面向国家重大需求选取科研方向，鼓励培养研究生自主创新，加强深度产学研融合的三个维度加强团队的管理与育人工作。郝跃院士经常对学生们说："既然选择了做科研，就要瞄准国家重大需求，脚踏实地，择善而固执。"郝跃院士以身作则，以自身经历诠释了中国知识分子在时代巨变中的责任与担当。郝跃院士带领的青年教师们也以身作则，以解决国家重大需求为己任，为加快推进第三代半导体行业的发展，响应国家印发的《重点新材料首批次应用示范指导目录(2019 版)》《国务院关于印发进一步鼓励软件产业和集成电路产业发展若干政策的通知》等政策，在第三代半导体重大需求领域取得了众多成就。

对于传统集成电路人才培养存在的理论与实际脱离、实践训练模式单一等问题，宽禁带半导体导学团队一直坚持实训实习模式，坚持科研反哺教学，加强深度产学研融合，培养出了一大批微电子领域企业家，如无锡盛景微电子股份有限公司董事长兼总经理张永刚、拓尔微电子股份有限公司董事长兼总经理方建平、湖南融创微电子有限公司总经理杨国庆等知名校友。

同时，针对传统集成电路本科人才培养存在课程体系不够完备、学生专业发展受限、不能适应高速发展变化的行业需求等问题，团队积极进行课程改革方面的创新，探索集成电路人才培养模式的改革与实践。由郝跃院士领衔的《面向国家急需，构建"三位一体"集成电路人才培养模式的改革与实践》课题获国家教学成果奖一等奖。

▐▐▐▶ 经验与启示

高等院校担负着为国家培养高素质创新型人才的重要责任，研究生教育是

"成为高端人才的聚集器"，承担着"为党育人，为国育才"的使命。研究生的教育和培养必须要适应国际竞争、国家改革的新形势和新要求，注重加强知识探究与能力提升相结合，并且要加强学习与未来职业的有机结合，以及科学素养与人文精神的高度结合。宽禁带半导体导学团队将人才培养与国家重大需求相结合，不断推进科技自主创新，加强产学研深度融合，培养出了一大批有担当、有责任心和使命感，具有创新能力的研究生，实现了产学研深度融合的育人成效。

▶ 师 生 感 受

团队负责人、中国科学院院士郝跃时常对学生们说，每个人的生涯始终都与一个国家的命运紧密相连。作为大学教育工作者，必须紧跟时代步伐，在为国家培养合格建设者和可靠接班人、同圆"中国梦"的征程中，贡献出自己的力量。

作为郝跃院士直博生，毕业后继续在西电工作的张雅超依然清晰地记得郝跃院士对学生成长成才倾注的巨大的心血。张雅超说："因为我是直博生，缺少硕士阶段的积累，在同届其他同学都选定方向、开展研究时，我对微电子这个研究领域还有些迷茫。"郝老师知道他的困惑后，就在小白板上列举起微电子领域的前沿热点和实验室研究近况。"这是我第一次如此近距离地听院士讲课，内心非常紧张，有很多内容听不明白。"张雅超说。发现张雅超面露难色，郝老师擦了擦白板，重新写了些便于理解的基础性内容。"就这样，郝老师花费半个多小时，将我带进了科研的大门。此后，老师在小白板上为我展示的内容越来越丰富，让我受益终身。"在郝跃院士的谆谆教导下，张雅超已经从一名学生成长为微电子学院副教授，并获批了多项人才计划项目，继续为我国宽禁带半导体的科研和产业化发展贡献着自己的力量。

作为郝跃院士团队的另一名在读博士生姚佳佳深有感触地说："郝老师经常告诫我们'面对经济社会高速发展带来的浮躁风气，青年人在学术研究以及职业发展过程中，要锚定目标、坚定信念、摒弃浮躁'。这一理念对我的生活、科研产生了重大影响，我们更应该在国家重点实验室的优秀科研创新环境下，竭尽所能，把我们自己能做到的，尽可能做好！"。

博士生张赫朋：已经在这个大家庭里呆了5年的我，与郝院士的缘分可以追溯到刚踏入大学的微电子新视野活动上。郝院士博雅睿智的形象令我印象深刻，勾起了我探索微电子领域的好奇心。成为郝院士的直博生后，我一直铭记

并始终秉持郝院士给我的忠告：立足基础研究，注重自主创新，实现更多"从0到1"的突破。踏踏实实搞科研也是我博士期间一直秉承的理念。历经两年从无到有，搭建了一台价值一千余万元的分子束外延设备，并掌握了宽禁带半导体领域关键材料生长技术。在周围电路领域众多同学已经出成果发文章的时候，也能保持初心，摒弃一切杂念，静下心来踏踏实实搞科研，最终突破国外在该领域的封锁，在多项关键基础材料以及器件指标上实现了全球领先，在多项"卡脖子"技术上，面向国家所需实现了自主创新。

硕士生刘芳：团队有着很强的科研与学习氛围，有敬佩的微电子学家郝跃院士，还有各位师兄师姐的热心帮助，让我们感受到了家的温暖。在宽禁带半导体导学团队的学习经历，不仅让我学到了更多的知识，还让我感受到了半导体人在这个时代该有的担当与责任。

撰稿人：苏凯、张涛、刘芳
校稿人：张君博、秦荣

"一主引领、两翼驱动"的研究生培养模式

——微纳看世界导学团队

▶ 导学团队简介

微纳看世界导学团队依托于宽禁带半导体国家工程研究中心和宽带隙半导体技术重点实验室,由国家级领军人才、西安电子科技大学师德标兵马晓华教授担任团队负责人。该团队于2018年入选陕西省科技创新团队,2021年被评为中国电子科技集团公司-西安电子科技大学协同创新团队。团队现有教师30余人,其中华山领军教授2人、华山特聘教授4人;现有在校研究生100余人,多人荣获研究生国家奖学金以及优秀毕业生称号,多篇论文获评陕西省优秀博士学位论文、校级优秀学位论文。

团队自主建立了一条国内领先、国际一流的化合物半导体器件工艺线,始终瞄准国家重大战略需求和国际学术前沿,开展宽禁带半导体材料与器件、固态微波毫米波电路与芯片、新型电子材料与器件等方面的创新与应用研究,先后承担了国家科技重大专项、863计划、973计划、国家自然科学基础科学中心项目、国家重点研发计划、国家基础加强计划等数十项国家级重点项目或课题研究,相关成果获得多项国家级、省部级科研成果奖和教学成果奖。

▶ 育人背景概述

党的十九大确立了我国到2035年跻身创新型国家前列的战略目标,党的十九届五中全会提出了坚持创新在我国现代化建设全局中的核心地位,把科技自立自强作为国家发展的战略支撑。宽禁带半导体具有宽带隙可调、高临界击穿电场、高饱和电子漂移速度、耐高温、抗辐照等一系列优异的物理、化学性质,是支撑我国节能减排、新一代信息技术、智能制造、国防安全的"核芯"

领域，是促进我国传统产业升级、培育和催生经济社会发展的新动力，是满足我国高新技术产业发展和国家安全的重大需求。同时，宽禁带半导体也是世界各国争相发展、抢占全球半导体产业战略高地的重要领域。在当前的世界科技和人才竞争形势下，开展宽禁带半导体人才培养模式改革与创新研究，对于提高我国在培育宽禁带半导体和微纳器件领域的人才与技术储备，提升我国半导体技术核心竞争力等方面有着重要意义。

为了贯彻落实《国家集成电路产业发展推进纲要》和《国务院办公厅关于深化产教融合的若干意见》文件精神，解决我国集成电路产业人才供给与需求错位、产教脱节问题，2019 年 12 月，集成电路产教融合发展联盟在北京成立，西安电子科技大学成为集成电路产教融合发展联盟教育界理事长单位。2020年 10 月 22 日，国家发展改革委员会和教育部联合在厦门举行国家集成电路产教融合创新平台建设工作会，西安电子科技大学在会上介绍了集成电路产教融合创新平台筹备工作，该新平台将瞄准我国集成电路发展中的关键"卡脖子"难题，研究攻关集成电路核心关键技术，涵盖芯片设计、EDA 工具、器件工艺与芯片封装等方向，培养集成电路产业急需的复合型、交叉型人才，并着力推进我国集成电路产业发展。

微纳看世界导学团队积极响应号召，以国家战略需求为导向，致力于推动基础技术创新和产业链相关环节协同发展，打造宽禁带半导体材料、器件与电路领域的"产教研"融合育人新模式，充分发挥我校在人才培养、协同育人、技术研发与应用方面的优势，切实加强集成电路产业人才的有效供给，力争在集成电路领域关键技术上取得突破，为促进我国集成电路产业的高质量发展贡献力量。

▶ 育人工作实施过程

一、需求指引：着眼国家重大战略需求，培养应用型人才

为改变近些年国内半导体芯片"卡脖子"现状，微纳看世界团队始终怀着一颗对科研敬畏的心，怀着一颗"看"世界的心，着力解决影响制约国家发展全局和长远利益的重大科技问题，加快建设原始创新策源地，加快突破关键核心技术，在宽带隙氮化物半导体器件等领域开展创新研究。团队坚持以国家重大科研项目需求为牵引，紧跟前沿科技发展趋势，不断提升人才培养的前瞻性

和针对性。

在团队负责人马晓华教授的指导和管理下，由青年教师辅助管理团队研究生的培养工作。团队深入探究各类项目和科研新方向的高层次内容，充分挖掘高年级研究生的科研潜力，使之成为协同科研攻关的中层骨干力量；低年级研究生在完成"观摩学习、参与探讨、辅助科研"三步走的成长历程后，再开展有针对性的基础学科研究，循序渐进地成为团队有生力量，确保团队活力不断、时新长青。此外，团队主动围绕半导体材料与器件制备领域的基础科学问题和工程实践难题，集中配置师资队伍、实验条件等教育资源，鼓励在读博士研究生将攻克前沿领域的"卡脖子"核心技术作为研究方向和学位论文课题，为集成电路行业领域输送高层次应用型人才。

二、平台支撑：依托超净实验平台，培养实践型人才

微纳看世界团队依托于国际知名、国内领先的宽带隙半导体技术重点实验室建设的化合物半导体器件制造工艺线，最小线宽仅有 30 nm，是该领域享誉国内外的制造工艺线。而且，团队还拥有 1000 多平方米超净实验室和 50 多台/套大型仪器设备，为团队研究生实践动手能力的培养提供了良好的实验实践平台。

为了更好地利用这些平台全面提升研究生的综合能力，团队坚持以学生为主体，实行"一对一"专职专责的导师培养模式，制定了完备的实验室管理制度体系，让"科学管理、高效运转、稳健落实"的团队氛围日益浓郁，并使之成为团队师生们的一种习惯。从实验室日常行为规范、安全理论等一系列培训内容到定期考核、合格上岗的工作机制，培养了团队师生严谨的科研作风和规范的工艺操作，保障了团队科研工作安全顺利开展。这样做既让师生了解到严苛的实验环境要求和精细的制备工艺是半导体材料与器件成功制备的关键，还让团队师生认识到动手实践机会来之不易，更达到了强化研究生理论联系实际能力、提高动手实践本领的根本目的，从而实现了实践型人才培养的预期目标。

三、合作助力：探索产教融合、校企合作新模式，培养复合型人才

伴随着集成电路产教融合发展和国家集成电路产教融合平台建设，团队充分发挥西安电子科技大学在宽禁带半导体领域的技术与人才培养优势，瞄准该领域对集成电路和宽禁带半导体技术方面的人才需求，基于产学研合作项目研

发、校企联合实验室建设、校企联合培养研究生等多种形式，开展宽禁带半导体产教融合人才培养模式改革与创新研究。

多年来，团队与国内大型企业和研究所长期保持着产学研及人才交流合作，已逐步形成了独具特色的宽禁带半导体产学研合作研究与人才协同培养创新模式。在校企联合科技合作的过程中，团队针对高校对集成电路创新人才培养和企业对工艺人才的需求，以科技合作带动人才的协同培养。随着校企合作的不断深入和对集成电路工艺创新人才培养的探索，团队逐步经历了起步发展期(2011—2015 年)、稳步推进期(2015—2018 年)和战略合作期(2018 至今)三个阶段，促成了技术咨询、委托技术研发、委托加工、联合技术研发、协同培养研究生、校企共建联合实验室等多种形式并存的校企合作模式。

这种培养模式下，团队充分发挥高校优势，注重学生原始创新能力的提升，以产业和企业实际需求为导向，培养学生解决实际问题的能力，实现对两种能力培养的有机协同，为宽禁带半导体领域储备复合型人才，有力推动了该行业的科学研究和产业应用进程。通过这种育人模式，团队逐步打破现有人才培养模式，跨越人才培养目标与企业需求之间的鸿沟，保障学生走出校门无需培训便可直接上岗，极大地提高了高校人才培养质量，为相关领域企业节约了人力和时间成本，也为我国宽禁带半导体发展提供人才储备，成功探索出一条复合型人才培养的新路径。

▶ 育 人 成 效

微纳看世界导学团队将育人与国家及社会需求紧密结合，在科研创新、人才培养、社会服务等方面取得了长足进步与丰富成果。团队通过培养师生集体攻关、联合攻坚的团队精神和协作意识，在高效率微波功率器件结构创新、工艺优化实现及其在极端环境下的可靠性和稳定性研究中取得了一系列创新成果，自主研制的高效率 GaN 微波功率器件目前效率仍是国际最高水平，并在国家重大工程中得到成功应用。团队成果获得国家科技进步一等奖 1 项、国家级教学成果一等奖 1 项、国家科技进步二等奖 1 项、省部级科学技术一等奖 5 项，获国家发明专利授权百余项并实现绝大多数专利的成果转化，团队师生还多次在国际会议上汇报展示最新的科研成果。

在团队培养的研究生中，近 20 人荣获研究生国家奖学金，1 人的论文获评陕西省优秀博士学位论文，10 余人的论文获评校级优秀学位论文，10 余人被评为优秀毕业生。截至目前，团队已向科研院所和企业输送了百余名优秀毕业生，受到用人单位的一致好评，育人成效显著。由于在人才培养方面的成绩突出，团队负责人马晓华教授获评 2016 年度"师德标兵"荣誉称号。目前，团队规模逐年扩大，未来团队将会进一步完善育人工作模式，力争为国家和社会培养更多优秀人才。

▶▶▶ 育人工作特色

集成电路产业作为支撑中国经济社会发展的战略性、基础性和先导性产业，对专业人才需求迫切。微纳看世界导学团队在育人工作开展中时刻坚持以理想信念教育为核心，以社会主义核心价值观为引领，以全面提高人才培养能力为关键，把育人工作与建设社会主义现代化强国的征程结合起来，在服务经济社会发展和广大人民群众中潜心问道，在攻克基础前沿难题和核心关键技术中追求严谨求实。团队将集成电路人才培养与国家发展和民族复兴紧密结合，以集成电路领域国家重大项目为引擎，组建科研团队对本领域内的"卡脖子"技术难题加强攻关。团队注重引导师生树立正确的政治方向、价值取向，坚定团队师生"国之所需，科研所向"的理想信念，引导研究生树立正确的世界观、人生观、价值观。团队还以产教融合与校企合作为契机，提升团队学生的创新创业能力，促进专业链与产业链的有效对接，推动科技成果向现实生产力的转化，增强团队学生的社会责任感。团队注重综合能力的养成，以宽禁带半导体重点学科实验室为依托平台，坚持理论教育与实践训练相结合，全面培养师生至诚报国的理想追求、敢为人先的科学家精神以及开拓创新的进取意识。

▶▶▶ 经验和启示

"科研成果往往是出自 8 小时之外的"，这是马晓华教授时刻激励团队的话语。人生的道路，需要指明灯，而鞭策团队每一位成员严格要求自己、不断向前的指明灯，便是团队导师办公室里每天晚上亮着的灯。辛苦与劳作从来都是奋斗者追逐梦想的脚步，"奋斗"早已成为整个团队的一种习惯，深深地烙印在每个人的日常行为中。也正是团队每位师生在服务国家需求、执着公关创新、加快成果转化道路上"五加二""白加黑"式的付出，使团队与个人收获

了一枚枚硕果，见证了一道道绚丽多姿的"微纳风景"。团队成员先后成功研制了具有国际最高效率指标的氮化镓微波/毫米波功率器件、国内首支宇航级的氮化镓微波功率管、世界上最轻的以及可物理降解的阻变存储器件等，创下了多个纪录。

协同合作则是微纳看世界团队的又一法宝。半导体工艺的层层相扣使得整个团队的科研形式非常特殊，团队的科研成果离不开每一位成员的相互协作，在这个过程中，成员之间也培养了战友般的情谊。协同是保证步调统一、稳扎稳打的行为规范，合作则是优化资源、群策群力的科研准则，双管齐下，团队才能更好更快地攻占科研项目与学科领域的高地，培养更多更好的人才。

▐▐▐▶ 师 生 感 受

团队负责人马晓华：在我读博士期间，我的导师郝跃教授就经常跟我们说，"只要信念不滑坡，办法总比困难多"，现在我也用它来勉励我们团队的老师和学生们。正是这种对科研的执着和坚守以及迎难而上的精神，推动着微纳看世界团队完成了一次次的技术攻关任务，突破了一个个科学难题和技术难关。

团队教师武玫：从本科、研究生到如今留校任教，自己形成的良好科研习惯都离不开团队优良的人才培养模式和老师们的悉心教导。如今作为教师继续留在团队中发光发热，我会继承团队的优良作风，为团队发展、学生培养尽自己的一份力量。

团队教师祝杰杰：这不仅是一支特别能吃苦、特别能战斗、特别出成绩的队伍，同时也是一支特别有活力、特别有凝聚力的队伍。团队一直秉持"紧张活泼，张弛有度"的科研作风，科学探索和课题攻关固然需要百分百的投入，但在团队师生眼里科研生活并不是枯燥又繁琐的工作，他们热衷于在科研过程中寻找乐趣，以累累硕果激发对科研的热情。

博士生牛雪锐：微纳看世界导学团队是一个团结友爱的团队。老师和同学们关系亲密，大家经常会在开组会时一起讨论在实验和理论学习中遇到的各种问题，每次都能让我收获满满。科研之余，团队还会组织各类文体活动，增进同学们之间的感情。同学们关系融洽，互帮互助，造就了这样一支快乐的团队。

硕士生季子路："团队合作加深师生情谊，微纳世界见证青葱岁月"。团队的导师们都非常优秀，亦师亦友，经常在我们遇到问题时一针见血地为我们指点迷津，激发我们在科学研究中的灵感，甚至细致入微地帮我们解决生活难题。办公室墙上的一张张合影，定格了一届届师生踔厉奋发的精彩瞬间，更记录着团队多年来对微纳世界的探索热情。

撰稿人：祝杰杰、武玟

校稿人：高宇星

"融思于研、以情优教"的研究生培养模式

—— 四海同芯导学团队

▶ 导学团队简介

四海同芯导学团队是一支以杨银堂教授科研团队为基础组建创立的国家自然科学基金委员会创新研究群体。团队研究方向为集成电路设计(模拟与混合信号集成电路设计、高分辨率相机信号处理电路、雷达前端低功耗设计技术、射频芯片设计)、系统集成技术、新型半导体器件、微电子机械系统与网络等。

近年来,团队先后承担了国家重大科技专项、国家自然科学基金重点项目、国家863计划、预研基金等国家级课题40余项,科研经费达1500万元/年,荣获国家科技进步奖2项,省部级科技奖12项,其中"用于系统集成和功率管理的多层次系统芯片低功耗设计技术"获得2016年国家科技进步二等奖、2015年陕西省科学技术一等奖。团队主要负责人杨银堂教授与朱樟明教授均曾获得国家杰出青年科学基金,并长期担任多个国际SCI期刊的编委和多个国际会议的TPC成员。团队成员在论文、专著、教材等领域中频传佳音,在研究生创芯大赛、研究生电子设计竞赛等集成电路设计竞赛中屡获佳绩。

▶ 育人背景概述

近年来,在国家一系列政策的刺激推动下,我国集成电路产业一路高歌,2021年我国集成电路行业销售额首次突破万亿元,且远高于同期全球集成电路产业增速。但高质量的专业人才缺口成了产业亟待解决的难题。《中国集成电路产业人才白皮书(2019—2020)年版》曾预测,到2023年前后,芯片专业人才缺口将超过20万人,解人才之渴迫在眉睫。

高质量专业人才的培养离不开行之有效的思政教育。当前,一些高校不断

深化与改善新形势下面向教师和学生的思想政治工作，已经形成一系列富有成效的工作模式和工作经验，但仍存在针对教师与学生的政治工作体系相互独立、彼此平行的问题。这就需要在原有"课程思政"和"思政课程"的基础上，结合研究生学习、科研、生活的特殊性，以及教师"立德树人"的根本任务，从关系结构的视角出发，发挥研究生和导师在思政工作中的"主体性"作用，拓展出思想政治工作的崭新空间。"导学思政"应运而生。导学思政主要指以导学关系为载体，以多元化的互动场景为纽带，发挥导学互动的思想政治教育作用，在互动中实现共识凝聚和价值认同，对于导师和学生两个群体都能发挥思想引领效果的思想教育理念。它也是实现导学思政与课程思政协同前行、相互支撑，构建符合研究生特点的全员、全过程、全方位的思想政治教育新格局的重要途径。

四海同芯导学团队敏锐地抓住机遇，主动响应国家重大战略需求，投身于集成电路领域的创新实践，勇攀学术发展高峰，为集成电路领域培养高质量的专业型人才。同时，团队以科学、规范、系统的体制推动"导学思政"顺利开展，打破传统单一的思政教育方案，将"立德"与"树人"有机结合，持续利用导学互助环节，让学术研究实现高质量的传承与发展，培养出全面发展的社会主义建设者与接班人，为绘就美好的社会主义建设蓝图贡献团队智慧。

▮▮▶ 育人工作实施过程

四海同芯导学团队牢牢把握学院导学思政改革试点工作的总体目标，遵循思想政治工作规律、教书育人规律和学生成长规律，针对团队科研任务重的特点，"融思于研"，将导学思政工作融入日常科研工作中，确保导学思政育人工作在紧张饱满的科研工作中能够常态化顺利开展。

一、坚持思想引领，把准成长航向

团队深耕厚植社会主义核心价值体系，着力建设专业教育与思政教育有机融合、协同发展的研究生教育体系。团队在庆祝中国共产党成立100周年大会、庆祝中国共产主义青年团成立100周年大会等重要时间节点和科学家座谈会、两院院士大会等重要会议期间，通过集体观看、小组讨论、书面报告、线上会议等多种形式，积极领会习近平总书记重要讲话精神，学习新时代党的创新理论，同时辅以思政理论统一研习和思政教育系列组会，主题涵盖社会主义核心价值观、精神文明创建、弘扬中华优秀传统文化、学术道德建设以及研究领域国内外行业发展情况分析等。团队邀请导师和高年级研究生作为主讲人，安排了理论内容学习、感想交流和成果展示反馈等环节，并通过设置理论学习目标，随时了解每位研究生的学习进度，让思想政治学习与研究生科学研究、校园生活的联系更加紧密、更加系统。

同时，团队还积极以实践活动落实研究生思想政治教育，如在西安事变纪念馆举行参观实践，感受张学良、杨虎城两位将军的爱国赤诚和中国共产党人、中国人民所表现出的强烈的爱国主义精神。除此之外，团队以"身边人""身边事"为切入点，挖掘先进典型人物与事迹，召开报告会和师生交流座谈会，由讲述人结合自身的生活和成长的经历，分享自己在团队中学习的收获感悟以及对未来的规划，并与在座师生一起围绕科研创新、学科建设、人才培养和管理服务等方面建言献策，为团队研究生的成长成才树立榜样、指明航向。

二、把脉心理健康，持续减压增力

良好的心理健康是优良的思想品德发展的基础，是有效学习文化科学知识和进行智力开发的前提，是研究生掌握劳动技能的保证，是身体健康的必备条件，也是推动研究生思想政治教育向前发展的重要力量。团队时刻关注研究生的学习、科研压力及身心健康，以良好的师生交流和互动机制为基础，坚持"预防、治疗和发展相结合"的原则，建立了"导学团队—学院"两级研究生心理健康预警防控体系。团队内为每个课题组设立心理健康专员，搭建了研究生心理健康体系横向脉络，通过每月定期开展的心理健康排查，及时发现出现心理行为问题的研究生并完成上报，落实尽早干预的要求。此外，为促进导学团队建设，提高研究生心理健康工作的针对性和有效性，团队积极响应学校党委研究生工作部号召，以素质拓展、讲座沙龙等多种形式，开展以生命教育、压力管理、情绪管理等为主题的"研途知心"心理健康教育活动，为研究生减压增力、赋能成长。

三、狠抓团队建设，推动纵深发展

团队立足发展实际，构建了科学、完备的研究生、实验室管理制度以及师生日常行为规范、激励机制，涉及日常事务统筹、评奖评优、学风建设、助研岗位评价、困难学生帮扶、团队文化建设等研究生管理的方方面面。尤其在研究生学风建设中，团队形成了"3个1"制度，即新生入学时，面向新生开展

1 次科学道德与学风建设主题党课，每学期开展 1 次科研诚信与学术道德规范教育或知识产权相关法律的普及教育讲座，每学年组织 1 次科学道德与学风建设成果宣传展示专题活动。与此同时，团队及时挖掘、深度总结团队文化育人要素、经验，推出了多个由团队导师与研究生共同参与的品牌活动，并由师生在团队实验室、工作室共同建设团队文化展廊，极大地提高了团队的凝聚力和团队建设的参与度，推动了团队建设向纵深发展。

四、重视职业规划，做好就业工作

团队以实现"高质量就业"为目标，坚持组织面向合作单位、行业企业的假期社会实践或参观访问活动，培养研究生的动手能力、创新能力、适应能力；持续开展研究生职业生涯规划和就业指导培训，做好让学生满意的就业工作。针对刚入学新生，开展职业生涯规划教育，帮助其以职业为导向，合理规划学业。针对在读研究生，提供心理测量测试等途径，了解其个人能力、性格、家庭、经历等，并基于调查和统计获得各种职业对能力和特长的要求，向研究生提供就业信息建议，指导研究生选择合适的职业，不断修正职业选择。针对毕业研究生，邀请校友作就业分享报告，适时开展就业指导培训，推荐就业岗位，提高研究生就业质量。

▶▶▶ 育 人 成 效

团队服务于国家重大工程和电子信息产业，重视创新思想，鼓励创新创业，在行业顶级竞赛中成果丰富。团队成员已连续多年获得研究生创芯大赛"创新之星"称号，获得大学生创新创业大赛金奖并在其他各类电子设计竞赛中频获大奖，以实际行动证明了团队在创新实践方面具备的卓越能力。而且，近 6 年来，团队成员们承担了数十项国家项目和基金，在 IEEE TPE、IEEE TIE、IEEE JSSC、IEEE TCAS、IEEE TED/EDL、IEEE MWCL、IEEE TVLSI 等国际高水平学术期刊发表论文 200 多篇，他引次数 1000 多次，授权发明专利 30 多项，出版专著及教材 5 部，以显著成就与丰硕成果诠释了团队在相关学术领域具备的出色水平。

团队大多数教师是本团队培养的博士毕业生，他们传承了杨银堂老师、朱樟明老师等前辈治学严谨、立德树人的优秀品质，在团队中继续潜心研究学术、着力培养人才，为团队带来了丰硕的科研成就与育人荣誉，成功吸引了越来越多的国内外优秀青年教师加入团队，使得团队教师规模逐渐壮大，主体也越来越多元化。唯一不变的是团队科学严格的制度和严谨认真的态度，以及为学生营造的积极健康的成长发展环境。

团队每年均有多名研究生因表现突出、成绩优异，被授予研究生国家奖学金和社会奖学金。同时，有大批优秀毕业生进入中国电子科技集团、中国电子信息产业集团等国家重要战略企业，也为华为、海思、中兴、展讯、华大等行业优秀企业源源不断地输送了中坚力量和优秀人才

▶ 育人工作特色

一、正确的研究生思想价值引领

团队始终将社会主义核心价值体系贯穿于研究生思想政治工作的全过程，并结合团队实际，开展本团队内的研究生党支部的主题党日活动以及各科课题组组会，让研究生立足实践接受教育。此外，团队还积极谋划，以学术道德建设为抓手，严明学术纪律，培养研究生崇尚科学的观念，形成维护学术道德、规范学术行为的良好风气，进一步强化研究生思想政治教育，切实提高研究生思想素质。

二、科学的研究生培养模式

团队拥有科学、完备的研究生和实验室管理制度，根据学生自身情况，由老师与学生共同制定明确的研究目标，最大限度地拓展师生学术研究方面的自由度，并据此完善科研配套设施。而且，各实验室普遍采用打卡制度，起到了纠正、规范研究生科研行为，端正研究生学习生活态度的作用。

三、健全的心理健康服务机制

团队在日常的心理健康教育中，以良好的师生交流互动机制为依托，坚持预防为主和使每位研究生得到充分发展的基本原则，将预防和发展有序结合。一方面，及时发现有心理行为问题的研究生，预防各种心理问题和由此产生的行为问题；另一方面坚持正面教育，促进每位研究生最大限度地发展。这种双管齐下的措施，推动了团队全体研究生身心健康、全面发展。

▶▶▶ 经验和启示

和谐健康的师生相处模式是团队发展的基石。导师作为研究生培养的第一责任人，对学生的成长引领、言传身教以及学术指导贯穿了研究生生涯发展的全过程，培养模式的科学与否直接关乎研究生教育质量的优劣。导师与研究生同处一间研究室，必须要德才兼备，做到以身作则，以日常行为规范以及严谨的科研态度给学生树立好榜样。

思政教育式的专题组会应当少而精，部分思政教育工作可通过网络在线上开展。要充分利用团队微信群或者以印发资料的方式推送相关主题和内容，号召团队各组师生及时学习、讨论并提出反馈意见，特别鼓励学生学习后常思考、敢发言、多反映、勤交流。这种方式不仅迎合了现代人的习惯，而且能够灵活地利用师生各自的空余时间、碎片时间进行思政学习，使思想教育行稳致远。

创新意识与实践能力是研究生培养的重中之重。团队鼓励学生踊跃参与和科研领域相关的重大竞赛，通过竞赛，不仅能激发学生的创新热情，提高学生的实践动手才干，还能加深与相关院校或者企业的交流，更使得学生的科研视域愈加开阔。

▶▶▶ 师 生 感 受

团队教师刘毅：团队立足新时代研究生思政工作特点，深入挖掘导学团队的育人优势，以"三好三有"为标准，以团队思想与文化培养为主线，以导学关系为载体，以多元化的互动场景为纽带，充分发挥导学互动的思想政治教育作用，构建了以先进事迹为引导、导学文化为基础的创新育人模式，培育了和谐奋进的团队文化。

团队教师刘术彬：团队坚持以人为本，深入探索创新培养模式，解决了集成电路人才培养面临的知识体系分散、能力培养过程薄弱、行业需求更新快等突出问题。首先，团队根据产业应用需求，打造了一批特色的专业基础课程，夯实学生科研基础，筑牢学生学术根基。其次，团队始终以产业应用需求为目标，以具体科研项目为实例，为学生讲授集成电路产业发展的最新动态、主要关注点以及国际相关产业核心公司的最新研究方案，拓宽学生的知识面和国际视野，激发学生的好奇心和求知欲。最后，团队立足国家发展形势，将思政教育贯穿研究生培养始终，全过程、全方位主动地将专业教育与思想政治教育相结合，不断向学生强调国家集成电路领域面临的"卡脖子"难题，引导学生树立为国家建设服务的伟大目标，教导学生要珍惜宝贵的学习机会，掌握扎实的专业知识，成长为德智体美劳全面发展的高水平人才。

团队教师梁宇华：团队在科研育人过程中，十分注重培养学生主动学习的意识以及发现问题、独立解决问题的能力。作为团队教师，纵使科研的道路艰难曲折，我们也将一如既往地秉承着"授人以鱼不如授人以渔"的育人理念，不断摸索培养学生不畏科研困难的育才方法和提高学生独立分析问题、解决问题的思维导引策略。

博士生文奎：我的博士研究生生活才刚刚开始，但是在这段时间里，团队中各位老师对待科研时兢兢业业、勤勤恳恳的作风以及教导学生时耐心细致、和蔼可亲的态度给我留下了深刻的印象。团队科研、学习氛围很浓，很多教授选择与学生在同一间实验室工作，常常为我们答疑解惑、指引方向，提供了及时有效的指导和帮助。而且，团队师兄师姐、师弟师妹们之间也会时时刻刻、毫无保留地讨论交流学习、生活中的问题，这让我在很短的时间里有了很大进步，收获颇丰。

硕士生赵天鹄：自从进入"四海同芯"团队后，我深深地感受到了团队浓厚的科研氛围。初期，在老师、师兄师姐的指导下，我很快适应了组内的科研生活。在日常学习生活中，团队老师们端正的科研态度、严于律己的高尚品德以及一丝不苟的做事风格都给我树立了很好的典范。而且，组内同学之间关系融洽，经常一起探讨问题，相互鼓励，让我倍感亲切。希望自己在这个团队中能够学有所成，同时也能为团队贡献力量。

撰稿人：徐长卿、冯立琛、张祥辉、万婧
校稿人：高宇星

"引、育、管、荐"全链条式研究生培养模式

——YM 导学团队

▶▶▶ 导学团队简介

　　YM 导学团队由张义门教授和张玉明教授创建于 20 世纪 90 年代，是我国最早的碳化硅(SiC)半导体材料与器件研究团队之一。目前，团队共有教授 8 人，副教授 6 人，博士、硕士生 90 余人。团队创始人张义门教授自 20 世纪 60 年代初就投身国防和教育事业，见证并参与了国家半导体事业发展的各个关键时期，在军用元器件标准制定和计算半导体学科发展中作出了重要贡献。他在科研工作中兢兢业业、一丝不苟，在教育教学中言传身教、诲人不倦，在日常生活中平易近人、和蔼可亲，为团队留下了宝贵的精神财富。从团队创建伊始，团队负责人张玉明教授就为团队的快速成长起到了巨大的推动作用，在他的带领下，团队承担了众多国家项目，为我国碳化硅材料与器件的发展作出了重要贡献。21 世纪以来，随着汤晓燕、吕红亮、张艺蒙等新成员的加入，团队不断壮大，研究方向更加多元，形成了独特的研究生培养模式。

　　团队依托宽禁带半导体器件与集成技术全国重点实验室，面向国家重大需求，投身国防科技需要，长期从事碳化硅外延材料生长、碳化硅半导体器件及下一代信息材料的研究。在这些研究工作中，团队直面问题、破解难点，积累了大量的研究经验和研发基础，培养了大批微电子行业和国防事业急需的复合型人才。

▶▶▶ 育人背景概述

　　当今世界正经历百年未有之大变局，这同时也为中国高等教育发展带来了前所未有的新机遇和新挑战。当前，我国正在向第二个百年奋斗目标迈进，向

着建成世界科技创新强国迈进，这就需要研究生教育肩负起为国家培养高层次创新人才的历史使命。导师作为研究生培养的第一责任人，对研究生生涯发展全程的影响至关重要，导师所在团队形成的研究生培养模式直接关乎研究生教育的质量。

当代研究生思想认知较为成熟，其所面对的又是一个信息爆炸、物资充沛、多种文化碰撞交流、机会瞬息万变的世界，因此，他们对专业学术价值、人生和生活态度、职业选择等方面的认识或多或少会出现一些差异。所以，不同于本科生整建制下基于课堂途径的培养方式，在培养研究生时，要针对其学习过程中的各类场景，以与导师的互动为抓手，推动德育、智育、体育、美育和劳育的融合并举，充分施展思想政治教育的沁润作用。这就要求团队不仅要重视教学、科研这些核心育人载体，还要以导学关系为核心，形成符合时代特征和研究生特点的培养模式。

▶▶▶ 育人工作实施过程

自课题组成立以来，YM 团队一直以国家重大科研项目为依托，实施研究生和和青年教师培养计划。团队先后承担了多项国家级重点项目，到目前为止，为国家级研究平台和重点研究机构培养高层次人才 200 多人。

YM 团队对研究生科研素养和学术价值的引导从新生入学科研方向的选择开始。研究生入学伊始，团队通过导师与学生一对一交谈、以重点项目为基础的科研小组会议、科研方向介绍会、学生自治交流、团队负责人谈心等方式向学生介绍本团队的研究方向、承担的科研项目以及各研究方向的师资情况等，使学生对团队的研究布局有较为清晰的认识。同时，通过上述多种形式的双向交流，导师也能了解学生的科研兴趣以及对专业方向的认识，据此引导并帮助学生对未来的研究方向有更清晰的认识和正确的选择。更重要的是，在新生研究方向选择上，团队始终依据国家发展需要和国防重大需求，依托所承担的重点项目，引导学生投身国家发展所急需的研究方向和国防重点攻关项目。从研究生入学阶段起，团队就注重培养学生的家国情怀和学术研究自信心。在对学生专业方向进行引导的过程中，团队教师能及时获取青年学生的想法及其头脑中迸发的学术灵感，以便后期及时调整他们的研究思路和方向。

在课程教学方面，团队遵从"以兴趣为导向"的原则，导师需在对学生感兴趣的科研方向进行深入了解的基础上，方可结合学院研究生培养方案指导研究生对专业课、专业任选课进行选择。为了让学生能够更好地选择和学习专业课程，团队在专业课开课前均会邀请任课教师举办课前讲座，介绍课程在整个专业课程体系中的位置以及前置课程和后置课程的相关内容，以便学生能更快地掌握新概念及理论，并在已有知识的基础上进一步扩大对专业知识认识的深度和广度。

在科研项目实施方面，团队还非常注重学生科研能力的培养和人生价值观的引导。团队提倡导师在指导学生开展科研工作的同时要加强对学生的思想引导和价值引领。在科研项目实施过程中，团队坚持以学生为本，从学生角度出发，信任学生、启发学生、帮助学生，真正做到"有教无类"，引导每一位研究生参与科研项目的申报、开题、实施、总结汇报、结题等各个环节，使学生在走出校门后能够快速适应未来的科学研究工作。而且，通过师生共同参与科研攻关及全过程参与课题项目研发，师生间建立起了基于科研合作的互动关系，加深了彼此间的了解。特别是通过学术指导和日常交流，导师充分发挥了良师益友的榜样示范作用，向学生传递了积极向上的正能量；同时，学生探索和成长的过程也在不断启发着导师，帮助导师更新研究生教育教学理念，优化研究生培养方式方法，更好地落实立德树人的根本任务。这样便促进了导师和学生两个群体的共同进步。

在学术交流合作方面，团队始终和国内外多个学术团体保持长期的合作交流关系。团队成员先后访学美国佐治亚理工大学、新泽西州立大学，瑞典林雪平大学，欧洲纳米中心、德累斯顿工业大学等国外著名高校和研究机构，并与中科院半导体所、微电子所、物理所、微系统所，清华大学，北京大学，南京大学，复旦大学等国内教学研究机构开展交流访学、合作办学、项目合作等。与此同时，团队曾多次承办国内微电子行业领域重要学术会议，邀请国内外本领域内顶级专家学者来校与团队成员深入交流，多位教师多次受邀参加ICSCRM、中国集成电路峰会等全球重要的行业学术会议和论坛并做大会报告。浓厚的学术科研氛围，极大地拓宽了团队成员的学术视野，使每位师生均能够敏锐洞悉本领域研究前沿趋势，做到提前布局、积极谋划，助推国内相关领域科研发展。

在研究生日常管理方面，团队通过例会制度和拓展沟通场景来实现导师与研究生间的人文情感交流。团队制定了"择天一小会、两周一大会"的例会制度，以此来保障导师与学生、学生与学生之间能够定期开展深入的思想和情感交流，并通过师生互动落实了研究生过程性考核要求。"择天一小会"指的是每两周团队会坚持为每位研究生指定一天，要求学生必须在当天通过线上或线下的方式与自己的导师交流，汇报近期学习、科研和生活的情况；"两周一大会"指的是导师在了解每一位研究生个人情况的基础上，和同一研究方向的研究生每两周举行一次会议，一起交流、相互促进。例会制度的实施，不但使师生在科研、生活中遇到的问题能够及时被发现、解决，而且还能让团队气氛更加融洽和谐，为导师和学生的共同进步以及科研项目的顺利开展提供强有力的支撑。此外，团队导师与学生的沟通场所并不局限于教学楼、实验室，还会拓展到运动场、咖啡馆、食堂等地，互动的内容也不仅仅是具体科研项目的执行情况，师生们还会共同运动、共同就餐、共同参加生活类活动，这些活动逐渐加深了彼此的熟悉度和信任感，有利于形成更牢固的团队情感纽带。

在研究生的职业发展规划方面，团队始终践行着"积厚流光，开拓创新"的理念，鼓励师生走出课堂、洞察社会，共同参与社会实践与志愿服务活动。团队导师还会在科研项目的执行和参与社会实践的过程中引导学生厚植家国情怀，正确认清中国和世界发展大势；培养学生的奉献精神，鼓励其将个人发展目标融入祖国需求；帮助学生进一步明晰个人的职业生涯规划与发展路径，做出正确的价值判断与价值选择。对于有志为国家国防事业、基础研究和工程技术进步作贡献的研究生，团队会根据其研究方向、个人兴趣，着重培养学生的研发能力，推荐学生到国防院所、航空航天研究机构、国内重要的工程技术部门、国内重点研发机构任职，实现对口精准就业；对于有志于创新创业的研究生，团队重视学生基础知识的积累，鼓励学生在基础研究中发现问题，获得创新原动力，在积累中实现创业梦想。

▶ 育 人 成 效

经过数十年发展，YM 团队始终坚持传承"锐意进取、开拓创新、教学相长、团结合作"的团队精神。在导与学的过程中，团队成员互相学习、取长补短，使团队战斗力十足，育人成效明显。团队共承担了几十项国家级重点项目，均出色地完成了既定研究目标，还对相关领域存在的重点和难点问题精准把脉、深刻分析，得到了国内外相关行业与科研院所的广泛认可。另外，团队在国内外学术刊物与重要会议上发表高水平学术论文 700 余篇，近 5 年论文的引用量高达 800 余次，共出版专著 9 部，获得省部级奖励 3 项。

自成立以来，YM 导学团队坚持青年教师培养与研究生培养两手抓，为国家级研究平台和重点研究机构培养高层次人才 200 余人。一大批优秀研究生先后入职中国科学院、中国航天、中国电科等机构下属研究所以及华为、中芯、三星等全球知名的企业，且大部分毕业生都在就业单位的核心重要岗位任职。

▶▶ 育人工作特色

YM 导学团队在自身建设和育人实践过程中逐渐形成了以下五点特色：

(1) 对研究生科研素养和学术价值引导从新生入学科研方向的选择开始。通过研究生入学第一学期的师生多层次交流，一方面可使学生对团队的研究方向建立清晰认识，另一方面让导师能够更深入地评估学生对专业和科研的兴趣，从而指导研究生了解未来的研究方向，做出正确的专业选择。团队还会重点结合国家发展需要和国防重大需求，依托所承担的国家项目，引导学生投身重点攻关项目，培养学生的家国情怀和学术研究的自信心。

(2) 深入剖析课程设置特点，帮助研究生合理选课，打好科研基础。团队在专业课开课前以任课教师举办课前讲座的方式，让学生了解专业课程体系以及该课程的培养目标、关联课程等，便于学生能够快速地根据未来开展的研究方向做出选择。

(3) 注重以重点项目为抓手，培养学生的科研能力，帮助其树立正确的人生观、价值观。团队倡导教师要在科研项目实施过程中将思想引导和价值引领注入研究生培养的全过程中。通过与研究生的对等交流，发挥导师的榜样示范作用，切实激发学生学习科研的动力。同时，学生的成长、发展过程也激励着导师优化培养模式、调整育人的方式方法，最终达到立德树人的目标。

(4) 实行"择天一小会、两周一大会"的例会制度，搭建起师生间学术交流和情感沟通的桥梁。通过"小会"，导师一对一、有针对性地就学生在学习、科研、生活中遇到的问题进行指导；通过"大会"，实现导师与学生、学生与学生间学术问题的讨论和人文关怀的传递。这样便促进了师生共同成长和团队和谐发展。

(5) 加强就业教育指导，指导研究生树立正确择业观，促进毕业生高质量就业。导师在科研项目的执行和社会实践过程中，坚持引导学生更好地认识世界和中国发展大势，协助研究生开展职业生涯规划，明晰个人发展路径，将个人发展目标放置于祖国需求的坐标体系中，继而引导学生在就业环节做出正确的价值判断与价值选择。

▌▌▶ 经验和启示

　　研究生教育作为教育的最高层次，肩负着为社会主义建设培养高素质、高层次创新型人才的重任。导师作为研究生教育的首要责任人，不但要承担指导学生开展学术研究的职责，还要承担起立德树人的职责。

　　首先，导师要充分利用研究生承担科研项目这一重要特点，通过课程选择、专业方向选择、项目执行、就业选择等过程实现育人育己，提高研究生培养质量和教师自身素养。其次，团队通过制度设计、沟通场景拓展等来实现导师和研究生的情感交流以及人文关怀的传递，有效提高研究生的校园生活质量。最后，导师要加强研究生的职业发展规划与就业方向、价值选择的引导，勉励学生成为对国家、对社会有用的人。

▌▌▶ 师 生 感 受

　　团队创始人张义门：在将近三十年的时间里，YM 导学团队逐渐发展壮大，在立德树人、教学科研等方面取得了一批有影响力的成果，这都得益于数十年传承下来的"锐意进取、开拓创新、团结合作"的团队精神。在导与学的过程中，团队教师切实践行初心使命，在培养过程中坚持育人育己，与学生互相学习、取长补短，做到教学相长。这些使得 YM 团队变得更好！

　　团队负责人张玉明：作为一名教师，我们要将"无私奉献，勤于教学，无愧于人民教师的光荣使命"这一理念贯彻执行到教育工作当中，用身体力行诠释一名人民教师的责任与担当。作为一名教育工作者，要以学生为本，从学生的角度出发，信任学生、启发学生、帮助学生，真正做到"有教无类"。作为一名研究生导师，我们也要时刻不忘关心学生的个人情况，在工作之余要为师生提供更多的交流机会，让大家敞开心扉、畅所欲言。我们团队虽然做的是肉眼看不见的微小器件，但使用它的却是复杂度非常高的大型设备，整个实验过程中的不可控因素太多，我希望团队每位成员都能坚持下去，相信自己的研究和设计能力，做到追求卓越、拒绝平庸。

　　博士生严思璐：从研究生入学至今，团队老师们兢兢业业、勤勤恳恳的工作作风和诲人不倦、和蔼可亲的优良品德深深地感动了我。就读期间，我看到张玉明老师作为团队负责人，一直在引领课题组不断前进，并努力为课题组的老师和同学创造良好的科研环境，建设极佳的科研平台。实验室的科研氛围非常浓厚，除了定期的组会和去导师办公室讨论科研学术问题，也经常会看到各位老师来实验室或者测试间，现场教学，指导学生；也经常会有师弟师妹们来向师兄师姐请教并讨论问题，沟通实验方案，交流经验。这种轻松向上的氛围给了我极大的科研信心，这是一笔无法单纯从课堂获取的宝贵财富。

　　毕业生凌显宝：感谢张玉明老师对我的培养，在校期间团队给我提供了充足的科研资源，对我的生活态度、价值观念、职业选择等都做过十分耐心的指导。团队成员们相处非常和谐、融洽。研究生期间的培养使我的各项能力都有了极大的提升，即便后来我步入社会，走向工作岗位，遇到科研问题和疑惑时，团队里的老师和已经毕业的兄弟姐妹们还是会像当初求学时一样，耐心地为我答疑解惑，鼓励我、启发我。而且，团队老师在行业内树立的良好声誉，也鞭策着我在工作中不断砥砺奋进、勇毅前行。

撰稿人：胡彦飞

校稿人：高宇星、张海战

"多融合、强育人、重实践"的特色研究生培养模式

——先进医学影像导学团队

▌▌▶ 导学团队简介

先进医学影像导学团队建有"两室一中心",共有教师 15 名,研究生 70 余名。团队结合生命科学技术学院多学科交叉优势,融合学校在电子信息技术领域的雄厚基础和专业优势,围绕恶性肿瘤、脑疾病等重大疾病的早期诊断与精准治疗,开展跨尺度生命信息智能感知与调控技术研究,在高灵敏度高分辨率成像与检测技术、高精准神经干预与调控技术等方向取得了突出成果。

团队承担国家重点研发计划数字诊疗装备研发专项、国家重点研发计划精准医学专项课题、国家自然科学基金重大科研仪器设备研制专项子课题,以及横向科研项目共 60 余项;发表高水平论文 150 余篇;获授权发明专利 25 项,其中美国专利 2 项,软件著作权 9 项,部分专利已经成功应用和转让;先后获得国家技术发明二等奖、教育部高等学校科学研究优秀成果科技进步二等奖、陕西省自然科学奖二等奖和陕西高等学校科学技术奖一等奖等。

团队教师获得多项国家级、省级和校级人才称号,包括国家级青年人才、陕西省杰出青年科学基金、陕西省青年人才、陕西省青年科技新星、校华山学者"工程型菁英人才"等。此外,团队教师积极投身教学一线,取得了显著的育人成效,先后获得国家级和省级一流课程、国家级教学创新大赛一等奖、校级教学成果奖、校级优质教学质量一等奖和二等奖、青年教师讲课竞赛一等奖等。

▌▌▶ 育人背景概述

先进医学影像导学团队紧扣中国高发的恶性肿瘤早期诊断临床需求,致力于研究新型高灵敏度、高分辨率、跨尺度智能成像与检测技术,团队发展具有

以下三个鲜明特色：

第一，团队是一个多学科交叉、多专业融合的大集体，在项目推进和日常管理过程中，各成员本着合作共赢的态度和甘做配角的精神，为了团队共同利益而紧密协作，只有形成强大的凝聚力和整体作战力，才能打造一流团队。团队独特的科研方向，需要充分发挥多学科背景优秀人才的引领作用，由全体师生协力深耕相关领域，方能取得重要突破。

第二，由于研究生人数较多，团队必须建立完善的制度体系，践行公正、透明、公开的管理原则，营造和谐公平、有序竞争的良好氛围。与此同时，团队坚持"个性化培养、示范性引领、开放性交流"的育人理念，针对不同发展阶段给予个性化指导和监督，促进研究生健康成长。

第三，团队积极响应学校新工科建设战略，立足新时代研究生教育特点和所在学科特色，不断革新研究生培养理念，探索出"多融合、强育人、重实践"的特色研究生培养模式，在理论学习、科学研究和实践育人等方面取得了显著效果。

▶▶▶ 育人工作实施过程

一、多融合——以资源共享促进合作共赢

先进医学影像导学团队秉承"打造卓越执行力团队、共创合作与互赢平台"的发展理念，针对大体量团队指导、教师研究背景多样等特点，以强化"学术共同体"建设为依托，深入推进研究生教育改革，增强研究生创新能力。

团队从学术共同体视角出发，立足"内部整合、外部联合"的工作策略，倡导学术兴趣相似、知识技能互补的师生共享学术资源，鼓励团队教师加强沟通协作共享专家资源。通过内外部资源共享与合作创新，发挥团队整体作用，产出学术成果。

在内部整合方面，团队每两周组织一期"医影前沿交叉论坛之研究生学术讨论班"，全体师生参加，每期安排两到三名不同年级、不同方向的研究生介绍科研进展，并对项目在推进过程中遇到的问题进行汇报。导师们对汇报内容进行指导，同学们积极提问并参与讨论，通过不同学科背景导师的现场指导，以及同学之间的思维碰撞，帮助研究生提高分析与解决问题的能力，优化课题解决方案。

　　在外部联合方面，为了更好地发挥多融合学术共同体对研究生培养的促进作用，团队每年举办"智能医学影像学术论坛"，根据不同研究方向，邀请各领域校内外专家作主题报告。论坛一般设置多个分主题，并面向研究生征稿。与会专家会对所有稿件进行评比，遴选优秀论文作者作口头报告，并就汇报存在的不足之处给予指点。以2020年10月举办的"智能医学影像学术论坛"为例，此次研讨内容涵盖了生物医学成像方法与技术、生物医用材料探针与生物医药应用、生物医学智能计算三大方向，共有来自不同小组的26名研究生，他们通过口头汇报或海报展示分享了自己的研究成果，并同与会专家、老师和同学开展了互动交流。

　　以上这些举措强化了导师与导师之间、研究生与研究生之间的优势互补，推动了多种知识、多种人才、多种方法、多种研究手段的交叉融合，实现了仅靠个人无法完成的团队目标，促进了学术思想的交流碰撞，激发了研究生的创新意识，展示了合作共赢的巨大优势，为交叉学科团队开展育人工作提供了有益借鉴。

二、强育人——以先进文化引领学生成长

　　团队下设多个课题组，共有在读研究生70余名，在同类学科中属于规模较大的团队。为了全面提升育人水平，团队积极开展文化建设，把师生精神文化素养提升作为重中之重，致力于打造和谐奋进的团队文化。团队通过加强各课题组之间的互动交流和定期开展的导学活动，帮助师生保持轻松愉悦的心情，提高团队凝聚力和向心力。团队还激励研究生全身心地投入科研工作并产生求知欲，使原本重复枯燥的工作变得妙趣横生。

　　团队秉承"个性化培养、示范性引领、开放性交流"的育人理念，依托先进医学影像师生党支部积极开展育人活动，营造相互包容、相互信任、相互学习的和谐氛围。团队每年举办"影像杯"篮球赛，包括激烈的对抗赛和轻松的趣味赛。各课题组师生分别组队，在相互配合的过程中加深了解、收获友谊。大家在比赛中充分展示了体育技能和合作精神，为单调的科研生活注入新活力。每逢毕业季，团队都会组织丰富多彩的系列活动，在新老交替的关键时期为师生们搭建快速熟悉、深度交流的平台。以毕业欢送会为例，团队会策划十分正式、隆重的仪式，邀请学院领导、团队全体师生共同参加，庆祝同学们完成学业、通过答辩，同时也感谢他们为团队所做的重要贡献。在欢送会上，毕业生逐一地分享他们在读研期间的成长经历和感悟，低年级同学纷纷为师兄师

姐们送上真诚祝福，老师们在毕业生离校前最后一次谆谆叮嘱，学院领导则就毕业生未来发展给予殷切勉励。欢送现场充满了暖暖的团队情谊，不仅为毕业生留下了一份美好的回忆，而且还作为一种有效的思政教育方式，引领低年级研究生快速成长。

团队系列导学活动增进了师生情感交流，丰富了团队的文化内涵，使大家能够在积极和谐的氛围中开展学习和科研，不但提高了工作效率，而且还促进了个人成长和团队发展。

三、重实践——以科研创新服务社会发展

医学与工程技术的结合，即医工结合是未来生物医学发展进步的主要方向。因此，团队十分重视研究生工程实践能力的培养，把科研训练作为研究生培养的必需环节，安排每一位研究生参与科研项目，提升其学术创新能力。

除了导师安排的科研项目，团队还鼓励研究生申报创新创业基金。从撰写项目申请到开展课题研究，从整理实验数据再到完成结题报告，整个过程全部由研究生主导，导师只在必要环节予以指点。查阅资料、调查研究、反复实验的过程，就是研究生深层次、多角度思考和挖掘所学知识内在联系的过程。这一过程不仅能激发他们的创新意识，还能锻炼他们提出问题、分析问题和解决问题的能力。作为课题负责人，相关研究生在项目推进过程中，他们的组织领导能力、合作协调能力都会得到同步提升。

团队先后有11名研究生获批创新基金，近40人参加中国"互联网+"大学生创新创业大赛等学科竞赛，近年来先后获得陕西省金奖三项、陕西省银奖七项和陕西省铜奖一项；中国"互联网+"大学生创新创业大赛国际赛道国家银奖一项；获得生物医学工程创新大赛国家级一等奖一项、二等奖三项；获得大学生光电设计大赛国家级二等奖一项。团队坚持将立德树人理念融入科研实践，在疫情期间，依托学科和专业优势，录制"新冠病毒知识小讲堂"系列微党课，被陕西省青年科技工作者协会等公共媒体转发推广，并受到广大师生的一致好评。此外，团队心系脱贫攻坚事业，组织师生与周至"痴农人"、商洛学院和蒲城金银花基地对接，多次深入种植基地考察，将自主研发的贝塞尔光拉曼光谱技术应用于果蔬农残检测、糖量检测和中药质量控制，建立了基于贝塞尔光拉曼光谱的金银花提取物有效成分定量检测技术，团队还联合苏州知时生物有限公司开发金银花无醇免洗抑菌凝胶，助推科技扶贫、技术助农。将专业知识和科研成果应用于实际生产生活，不仅提升了研究生的成就感和获得

感，也增强了他们的社会责任感。团队激励研究生将所学本领与国家发展需求紧密结合，争做"思想政治正确，社会责任合格，理论方法扎实，技术应用过硬"的优秀人才。

▶ 育 人 成 效

近年来，团队在人才培养、科学研究和社会服务等方面取得了突出成果，培养出一大批优秀研究生。博士生杨德富荣获 2 次国际学术会议旅行资助奖和 1 次国家奖学金；博士生曹欣荣获 3 次国家奖学金、1 次国际学术会议旅行资助奖、1 次国际学术会议口头报告和校级优秀博士学位论文；博士生王楠(团队研究生党支部书记)以第一作者在综合类国际顶刊 Science Advances 上发表西电首篇完全本土完成的论文，硕士生王鑫宇以第一作者(共同)在中科院一区期刊 Photonics Research 上发表论文。团队研究生先后在 Sci. Adv.、IEEE Trans. Biomed. Eng.、ACS Appl. Mater. Interfaces、Photonics Res.、Appl. Phys. Lett.、Eur. Radiol.等国际期刊上发表 SCI 论文 50 余篇，获陕西省优秀博士学位论文 1 人次、校级优秀博士学位论文 3 人次、校级优秀硕士学位论文 2 人次、研究生国家奖学金 10 人次、校级优秀大学生党员 1 人次、支部书记讲党课竞赛校级二等奖 1 人次。

团队鼓励研究生参加国际学术会议，拓展学术视野，提升研究水平。团队研究生先后荣获国际学术会议旅行资助奖 10 人次(世界分子影像大会，每年全球约 140 余人获奖，中国大陆约 6~7 人；SPIE 会议等)，国际学术会议口头报告 15 人次(包括 SPIE Photonics West、WMIC 等本领域重要国际会议)，国际学术论坛"青年学子奖" 2 人次、优秀口头报告 2 人次、"最佳摘要奖" 1 人次。团队积极参与脱贫攻坚，获批学校科技扶贫项目资助，部分成果已成功转化并应用于相关地区农业生产，形成了较好的社会效益。

▶ 育人工作特色

国家协同创新战略的实施和推进，给工科院校研究生培养带来了许多新的变化和挑战。传统的研究生培养理念和模式已无法适应国家创新发展的新常态，造成了教育目标的割裂和教育资源的浪费。新时代研究生教育必须坚持把研究能力、协作能力、创新能力和实践应用能力相结合，打造多元一体的培养模式。先进医学影像导学团队立足新时代研究生教育特点和团队育人工作实际，深入开展研究生培养模式改革。依托多学科交叉、多专业融合优势，推动资源共享，实现合作共赢，做好“多融合”。面向“健康中国 2020”战略，以解决国民健康需要和主要健康问题为导向，深耕智能成像与检测技术领域，打造团队科研特色，做好“强育人”。瞄准“医工结合”行业发展方向，着力培养专业基础扎实、动手能力突出、创新意识强烈的卓越工科人才，做好“重实践”。“三位一体”的研究生培养模式极大地提升了团队育人水平，提高了德才兼备的高层次人才培养质量。

经验和启示

一、把研究生培养作为团队首要任务

团队十分重视研究生培养，安排专人专岗全时长、全周期、全链条负责相关工作，确保各项改革平稳推进，主要包括以下几方面内容：一是制定个性化招生宣传方案，建立线上线下招生宣传平台，组织教师参加招生宣传，科学设置优质生源标准；二是完善研究生管理制度，规范论文开题、中期检查和毕业答辩等环节，形成统一要求；三是强化导师育人责任，出台了团队《全面落实研究生导师立德树人职责实施细则》；四是建立团队研究生培养质量综合评价体系，坚持多维评价和结果导向，注重过程性评价和客观评价，促进个性化培养；五是举办团队学术年会和内部研讨班，促进学术交流，实现对师生科研水平的常态化考核。

二、把提升实践创新能力作为团队育人目标

习近平总书记对研究生教育工作作出重要指示强调，研究生教育在培养创新人才、提高创新能力、服务经济社会发展、推进国家治理体系和治理能力现代化方面具有重要作用。为了引导研究生深入了解行业、了解社会，把学术研究同行业和社会发展需要紧密结合，团队积极组织研究生参加创新竞赛、企业实习和社会实践。团队鼓励研究生走出实验室、走出学校，在生产一线和实际生活中寻找问题、解决问题，把枯燥的学术推理和重复的实验研究转变成旨在实现特定目标、满足实际需要，充满挑战和乐趣的探索过程，激发研究生的学术兴趣，培养造就一大批符合创新型国家建设要求的优秀工程技术人才。

▊▊▶ 师 生 感 受

团队负责人陈雪利：研究生培养是导学团队的核心工作，对于我们这种"师生基数大、专业背景复杂"的团队来说就意味着困难和挑战。为此，我们坚持"多融合、强育人、重实践"的原则，创新开展研究生培养模式和团队建设模式。这是一种积极有效的探索，能够帮助研究生适应学科交叉趋势，并接受思政与专业、专业与实践双融合教育，迅速成长为医工交叉领域的创新型新工科人才。

博士生王鑫宇：作为一名博士生，我在过去几年时光里，在各位老师、学长的指导和帮助下，养成了良好的学习和实验习惯。优秀的团队文化能够促进每个人的发展和进步，我们团队有着优良的传承、严格的制度、和谐的氛围，这是推动每一位研究生快速成长的根本原因。

毕业生赵婧：我曾在团队学习生活了三年，与老师、同学们的点滴相处让我收获并成长了许多。团队所遵循的"从项目入手，理论与实践相结合"的培养理念，让我有幸参与了课题研究的整个过程，是团队培养了我的创新意识，锻炼了我解决实际问题的能力，这些经验都已成为我一生的宝贵财富。

撰稿人：王艺涵、徐欣怡
校稿人：霍学浩、朱洁

研究生创新能力培养"三双"模式

——分子影像与转化医学导学团队

▶ 导学团队简介

生命科学技术学院分子影像与转化医学导学团队成立于2014年9月，致力于多模态分子影像与肿瘤精准诊疗方面的研究，是一支高起点、国际化、年轻态、创新型的多学科交叉研究团队。

成立九年来，团队始终坚持"以人为本，创新共赢"的基本理念，构建并不断完善研究生个性化培养模式，注重团队文化建设与凝练，积极营造勤学务实、认真严谨、合作共赢、自由开放的团队氛围，为师生全面发展创造良好环境。

团队主要面向恶性肿瘤诊治领域的国家重大需求与临床问题，以多模态分子影像技术为突破口，探索构建具有临床应用价值的探针、药物或创新诊疗方法，实现转化医学的目标。团队现有9名教师、8名博士生和30余名硕士生，人才结构合理，研究方法完善，理论体系健全，是我国分子影像领域最重要的研究团队之一。

▶ 育人背景概述

研究生教育处于国民教育的顶端，肩负着高层次人才培养和创新创造的重要使命，是国家发展、社会进步的重要基石。近年来，随着信息获取渠道增加，知识更新速度加快，学科交叉日益紧密，新一轮科技革命与教育变革纷至沓来，研究生教育形态亟待重塑，构建"创新、开放、发展"的研究生培养模式将成为研究生教育高质量发展的必由之路。

　　"理–工–医"交叉领域的新兴学科是培养国家高层次创新型、复合型、应用型人才的重要阵地，该领域研究生群体跨越多个学科，教育背景各不相同，这就对研究生教育及管理工作提出了更高的要求。立足学科特点，充分发挥导学团队育人优势，构建新时代导学思政育人体系，是培养德才兼备高层次人才的重要途径。

　　为了打破本科教育的学科壁垒，提高研究生的交叉合作与融合创新能力，团队提出"坚持源头创新，鼓励合作共赢"的发展理念。以此为指引，团队着力集聚创新发展的"种子"、培厚创新发展的"土壤"、当好创新发展的"园丁"。团队凝聚信心、鼓舞干劲，投身交叉学科创新人才培养事业，充分发挥识才、育才、用才的导学作用。

▶ 育人工作实施过程

　　团队育人工作紧紧围绕多学科融合与创新展开，在不同学科导师充分沟通和协商的基础上，找准攻关方向，合作开展课题研究，建立涵盖不同学科背景的融合型创新小组，实现多学科导师联合指导。为此，团队制定了《融合型创新小组研究生培养办法》，搭建了多学科研究平台，在合作共赢的基础上培养研究生的源头创新能力。经过多年育人实践，团队建立了以激发创新思维、提升创新能力、拓展创新视野为核心的研究生创新能力培养"三双"模式，取得了显著的育人成效。

一、"提问题""小创新"——双目标激发创新思维

　　研究生专业背景多元、科研基础参差不齐，为团队开展创新能力培养提出了新挑战。创新无法一蹴而就，创新能力培养更是一项长期工程。因此，团队坚持践行全面指导观，帮助研究生设立"从入学到毕业"不同阶段的创新训练目标。

（一）第一个小目标——提问题

　　习近平总书记指出："问题是创新的起点，也是创新的动力源。"无论在科研还是生活中，不怕"问题多多"，就怕"三缄其口"。在育人实践中，低年级研究生由于基础薄弱、缺乏经验，在学习、科研过程中会遇到大量基础性问题，却常常不知道问什么，甚至不敢问。针对有问题却不敢提、有疑惑却不敢问、

有思考却不敢讲等情况，团队负责人王忠良教授要求研究生每次组会必须发言，鼓励大家大胆提出问题，陈述自己的观点。对于带头提问的同学，设置奖励，对于不敢发言的同学，用耐心和鼓励帮助他们消除顾虑、融入讨论。久而久之，这不仅锻炼了研究生在公众场合发言的能力，还激发了同学们的求知欲，帮助大家快速入门，由此避免了研究生在迷茫期盲目、低效的摸索。

通过发言和提问，导师能够及时了解研究生的创新思维和科研水平，并有针对性地制订指导方案。研究生在这一过程中锻炼了思维能力，产生了解决问题的想法和思路，而这恰恰是实现创新的第一步。

(二) 第二个小目标——小创新

研究生在思考和提出问题时，往往会产生一些解决问题的灵感。团队有意识地保护和培育这些灵感，引导研究生通过分析和实验将它们放大为科研创新的星星之火。为此，团队提出"培养创新意识，养成创新习惯"的要求，鼓励研究生按月或按季度提出一个"小创新"，把重视创新的思维根植于每一个学生的脑海中。

研究生提出的创新点并不局限于学术研究，还涉及团队管理、师生活动等方方面面，如实验室管理制度优化、每月的集体生日会活动等。为了让实验室运行更加规范，团队多次召开座谈会，由同学们根据实际工作需要提出想法和建议，形成管理制度。在制度试行过程中，同学们不断总结经验、反馈问题、完善条款，最终制订出完备的实验室管理方案。为了丰富师生的文化生活，团队积极筹办各类导学活动，不仅促进了师生之间的情感沟通，还显著增强了团队凝聚力。

绳锯木断、滴水石穿。在团队坚持不懈的引导和鼓励下，研究生的创新意识和能力不断积累，终将实现质变。

二、"实践、思考""再实践、再思考"——双阶段提升创新能力

保持思考，特别是高质量的思考，对研究生创新能力的持续提升至关重要。团队把实践和思考作为研究生创新能力培养的基本要求，开辟了"实践、思考""再实践、再思考"双阶段创新能力培养路径。

高质量思考必须基于对专业知识的掌握和对实验过程的了解。由于科研过程中的实验现象和实验数据易受设备、环境等诸多因素的影响，因此，对实验结果的实时分析与深入思考就十分关键。团队以创新小组为单位，要求同学们

对实验结果每日总结、每周讨论、每月汇报，一方面能帮助导师及时掌握课题进展，另一方面也能鞭策研究生在实践中不断思考。

"再实践、再思考"是激励研究生创新的关键。在每月课题汇报会上，团队组织导师对各个课题进行讨论，指出存在的问题、给出改进的方向，将导师们的科研经验转化为研究生的成长动力，激发同学们的学术热情，深化其对课题的理解程度。在这一阶段，团队鼓励研究生有计划地进行自由探索，在探索中找准关键问题，在思考中凝练科研创新点。在认识和总结实验经验的基础上，同学们带着问题和思考继续实验，在新的实验中验证新现象，提出新理论，最终实现有所发现、有所创造的科研目标。

双阶段培养路径自身又会形成一种循环，每一次循环都是对研究生科研素质的一次提升。伴随着一次次循环推进，研究生的实验技能不断提高，思考不断加深，提出的方案也更加成熟且具有可操作性。

三、"引进来""走出去"——双维度拓展创新视野

在生命科学已成为全人类科学家关注重点的背景下，团队积极鼓励多层次多维度交流合作。从不同方向的创新小组互动，到不同专业的导师团队交流；从校内外跨学科合作，到海内外高水平引智。交流合作是增强创新能力的催化剂，也是知识经济时代对研究生培养提出的新要求，更是促进团队发展的动力之源。

为了引导研究生从不同角度出发去理解问题、解决问题，团队每个月都会组织各创新小组进行集中汇报。这是一次不同思维的大碰撞，从课题意义到研究计划，从实验细节到结果数据，无不经过师生们的激烈讨论。有时候针对一个观点大家各执己见，争得面红耳赤，被戏称为"拍砖"。然而，正是在这一次次的"拍砖"中，理论得到了锤炼，思想碰撞出火花，创造性思维也因此得以不断生长。

此外，团队深入实施"引进来"和"走出去"战略。一方面邀请国内外专家学者来校交流指导、作专题报告；另一方面鼓励团队成员走出去，同国内外高水平研究团队、高校企业开展合作。团队每年都会牵头举办高层次学术会议，2020 年举办"活体成像与精准医疗前沿交叉学术研讨会"，邀请行业内高层次专家学者 20 余人；2021 年举办"首届分子医学华山论坛"，邀请行业内高层次专家学者 14 人。与专家学者的深入交流为师生解决实际科研问题提供了新思路，极大地激发了研究生的科研热情和信心。与此同时，团队定期安排研究

生参加国际交流，先后有两名博士生受邀在世界分子影像大会作口头报告，多名博士生或硕士生前往美国或新加坡交流访学，取得了显著的育人成效。

创新是科研的灵魂，它为我们提供了站在巨人肩膀上不断超越的机会。分子影像与转化医学导学团队始终秉持"创新从点滴开始"的学术态度，立志把创新基因注入每一位研究生的血液中。

▶▶ 育 人 成 效

团队在多模态分子影像与肿瘤精准诊疗研究方面成果丰硕，针对肿瘤难以早期诊断和精确治疗这一临床问题，构建了一系列高灵敏高特异的分子影像探针，实现了影像引导的高效精准术中导航以及化疗药物的高效精准递送和疗效评价。以此为基础，团队在 Nat Commun、Angew Chem、Adv Mater 等国际顶级期刊上发表高水平 SCI 论文 60 余篇(其中 1 篇入选 1‰ ESI 热点论文，3 篇入选 1%ESI 高被引论文，多篇被期刊选为亮点报道、专题新闻或期刊封面)；授权美国发明专利 2 项、中国发明专利 10 余项，其中成果转化 2 项；先后主持科技部国家重点研发计划项目和国家基金委重大研究计划等项目 10 余项；获海南省科技进步一等奖、中华医学会科技进步一等奖、陕西省科技进步三等奖；团队获得陕西省重点科技创新团队、陕西省高校青年创新团队，实现了西电在生命健康领域创新团队的零突破；获陕西青年科技奖、中国肿瘤青年科学家奖、三秦青年科技创新之星、首届西部药学之星及多个省级优秀论文奖。

团队研究生刻苦奋进、开拓创新、成绩斐然，多次荣获校长奖学金、优秀博士学位论文资助基金、国家奖学金、优秀毕业论文、国创优秀结题等奖项。团队鼓励研究生参加校歌赛、诗朗诵、迷你马拉松、公益扶贫、党史知识竞赛等各类活动，形成了同侪携手共进的良好氛围。团队定期开展肿瘤防治宣传、清明祭英烈、重走长征路等专题教育活动，弘扬以爱国主义为核心的时代精神。通过一系列的育人举措，团队精神面貌焕然一新，师生们的思想政治素质和专业素质均得到了全面发展。

▶▶ 育 人 工 作 特 色

团队于 2019 年成立分子影像与转化医学纵向党支部，分为教师支部和研究生支部，以党建带动团队建设，引领思政工作，着力推进科研育人、实践育人和文化育人。在科研育人方面，团队定期召开组织生活会，开展民主评议，认真听取师生意见，改进科研流程，把价值引领贯穿选题设计、科研立项、项目研究、成果运用全过程。王忠良教授作为支部书记，每学期都会为研究生讲党课，帮助同学们强化学术诚信意识，树立科研报国的远大理想。在实践育人方面，团队不断整合资源、创新形式，引导师生参与医疗机构合作、精准扶贫项目和党史教育实践，培育师生的家国情怀和社会责任感。在文化育人方面，团队深入开展中华优秀传统文化、革命文化和社会主义先进文化教育，组织师生赴校史馆、碑林博物院、西安烈士陵园、照金革命根据地、杨虎城将军陵园等地参观学习，组织师生观看《金刚川》《山海情》《觉醒年代》《中国反恐》等优秀主旋律影视作品，举办诗朗诵、唱红歌等文化纪念活动。

想要有所发现、有所创造，仅靠个人努力是远远不够的。因此，团队十分注重对优秀博士生和青年教师的培养，帮助他们快速成长，不断提高师资质量。团队强调"师爱为魂，学高为师，身正为范"，要求导师以身作则、立学立德，为研究生树立典范，以高尚的师德师风和饱满的工作热情引领同学们立志立心，创新发展。"他就像团队的旗舰，团队就是他的家。"作为团队负责人，王忠良教授率先垂范，带领老师们时刻坚守工作岗位，攻关科研难题，凝练学术创新点，他经常工作到深夜。有了老师们的引领护航，研究生的创新发展之路越走越顺，越走越宽。

▌▌▌▶ 经验和启示

在新时代研究生教育背景下，导师既要做显性知识的传播者，也要承担传递思想价值、生活态度、事业选择等隐性知识的重任。这就需要导师在育人过程中构建多元的导学互动场景，及时了解研究生的思想动态，积极引导研究生的价值养成。在实际培养过程中，团队既要考虑国家重大发展战略需要，又要关注研究生的个人志趣，因此，因材施教，发挥特长，是帮助他们获得成长优势的关键。与此同时，团队还要不断加强研究生心理健康教育，不仅要科学加担子，还要帮助他们释放压力。

团队中的榜样力量不容忽视，一方面导师的言传身教能为研究生树立典范，通过分享个人成长经历和科研经验，帮助研究生找准自我定位；另一方面要在学生群体中树榜样，打造"看得见、摸得着"的成长目标，激发奋斗热情。

榜样标准不必拘泥于科研创新，在品德作风、社会责任、实践创新等方面皆可树标杆。团队通过设置先锋岗、责任区等形式明确榜样责任，有效发挥榜样的模范带头作用，持续激励团队成员对标先进、查找不足、精进不休。

▶ 师 生 感 受

团队负责人王忠良：作为生命科学领域的科研工作者，我们要认真学习国家政策，响应国家号召，探索国际前沿技术，解决临床问题。面对科研"卡脖子"难题，我们要学会团队协作，借助集体的力量取得重大突破。在带领团队发展、解决实际问题的过程中，不断培养出德才兼备的复合型创新人才。

团队兼职辅导员夏玉琼：团队十分重视对研究生科研创新能力的培养，着力构建了科学完备的创新能力训练体系。此外，团队也非常关心教师成长，根据教师不同的学科背景和科研兴趣确定其研究方向，各骋所长，帮助每一位老师提升科研素养和创新能力。

博士生杨祚：在每月的课题汇报会上，导师总能一针见血地指出我们在研究工作中存在的弊病，并从大的框架层面给出高屋建瓴的指导意见，这让我们对课题的理解不断加深。这种指导让我们对科学问题的认识更有高度、更加深入，使我们在科研工作中的创新点得到持续凝练，也使我们的学术站位逐步提高，极大地提升了我们写文章、作报告的水平。

毕业生曹然：最让我感触深刻的是团队每年都会组织一到两次大型学术会议，并邀请很多国内外知名专家学者作学术报告。通过这种专业的学术会议，我们能够与专家学者深入交流，这就为我们在科研工作中遇到的实际问题提供了解决思路，极大地激发了大家的科研热情，提升了科研信心。

撰稿人：杨祚、闫浩浩、夏玉琼、王忠良
校稿人：霍学浩、付凯元

航空航天领域创新型人才"四位一体"培养模式

——测控通信导学团队

▶ 导学团队简介

测控通信(MCI)导学团队成立于 2004 年,在包为民院士和吕跃广院士的宏观指导下,在李小平教授与刘彦明教授的共同带领下,以钱学森精神为基石,以钱学森科学预见为指引,以国家重大需求为导向,全面贯彻"创新、积极、开放"的开拓精神,面向临近空间高超声速飞行器开发利用,在信息科学与实验科学方面扎根,深入开展流体力学、电磁学、信息学等跨学科交叉的高水平科学研究,在飞行器测控通信、高速目标探测、空间感知、跨域智能飞行及深空探测等领域进行了多项具有开拓性、前瞻性、战略性、创新性科学研究工作,打造了科学务实的育人平台和高水平科研攻关平台。

团队现有院士 2 人,教授 5 人,副教授 7 人,博士生导师 6 人,硕士生导师 17 人,在读研究生 100 余人,先后承担重大仪器专项、科技部 973、国防 973、JKW 重大研究计划、国家自然基金委重点研发计划、国防 863 等项目,其中经费超千万的国家重大项目共 8 项,推动解决了"黑障"和目标探测跟踪难题,建设了跨学科交叉研究实验平台,产出了不可替代的标志性成果,填补了国内相关领域空白,有力支持了深空探测、载人航天、高超声速飞行器等国家重大科技工程。团队研究生毕业后大部分加入了航天科技、航天科工、中航工业、中电科技、兵器工业、华为、中兴等单位,继续投身于国家各项重大研究项目中。

▶ 育人背景概述

习近平总书记指出,我们党取得的所有成就都凝聚着青年的热情和奉献。

导学团队作为新时代高校培养青年科技人才的重要平台，担负着新的使命，被赋予了新的要求。近年来，随着团队在临近空间电磁科学研究领域的快速发展，研究方向不断增加，师生队伍日益壮大，各研究小组之间的学术交流却日渐减少。由于研究生培养主要依托项目需求，学生的自主创新能力难以得到有效提升。此外，通过对毕业生的跟踪调研发现，团队现有的培养模式与科研院所的用人需求有所脱节，毕业生进入工作岗位后仍面临着较长的适应期，这些问题都是团队在进一步提高研究生培养质量方面所面临的新课题。

面对新时代研究生教育的新任务和新要求，团队依托学校"三好三有"导学思政育人体系和学院"三全育人"机制，不断创新研究生培养模式，以"赓续红色根脉、厚植家国情怀、弘扬航天精神、传播先进文化"为主线，以引领研究生坚定"四个自信"为落脚点，以课程、网络、文化、实践和科研五个育人维度为突破，以研究生成长需要为导向，以教师指引、学生自主为原则，以重大项目与学科发展为基础，打造航天测控领域创新型人才"四位一体"培养模式，着力培养研究生独立承担研究任务的能力，提升研究生的自主创新能力。

▶▶▶ 育人工作实施过程

一、言传身教，培养科研能力

MCI 导学团队专注于空间科学研究，该领域的一大特色就是多学科融合、跨学科交叉，因此在项目推进过程中，常常会遇到意想不到的跨学科的陌生问题。团队秉持"科研育人不仅是为社会培养人才，也是育人者的自我修行"的理念，充分发挥教师在科研工作中的示范者和指引者作用。一方面强化教师科研作风建设，通过拼搏奉献、坚韧顽强、严谨求实、诚实守信的科研态度，激发研究生的科研精神，把教师的行为示范作为最好的教育形式和教育内容，做到润物细无声；另一方面，发挥教师科研主体作用，在研究生遇到疑难问题时，主动开展讨论和指导，利用丰富的研究经验和广阔的学术视野，帮助研究生优化研究方向、改进工作方案，激发他们的创新意识和主观能动性。

团队为研究生提供卓越的科研平台和充足的科研机会，帮助他们在实践中发现问题、解决问题，提升他们的研究能力。团队把艰难曲折的科技攻关作为培养研究生拼搏精神的重要课堂，把孤独乏味的科研历程作为磨炼研究生坚强毅力的生动教材，引导他们养成心无旁骛、潜心钻研、淡泊名利、甘于奉献的意志品质。团队制订了科学严谨的科研工作准则和学术诚信规范，积极发挥制度的约束功能和指挥棒作用，培养研究生严谨治学的求实精神和诚信务实的学术道德。团队通过指导研究生学习，使其掌握正确的研究方法，帮助他们养成科学思维，以及辩证唯物主义的世界观和方法论，为开展科技创新打下结实的思想基础和方法基础。

二、大师领航，拓展学术视野

科技创新是推动世界科技进步和人类社会发展的重要动力，而学科交叉融合和多学科协作是科技创新的关键。MCI 导学团队面向临近空间高超声速飞行器开发利用，不断加强与相关学科的耦合，形成了高超声速飞行器测控通信技术、飞行器主被动探测与空间信息对抗、临近空间环境模拟与电磁科学实验研究、飞行器自主导航与制导等众多新的交叉性研究方向。

随着研究任务和团队成员的不断增加，不同研究方向之间的学术交流却显著减少，这一现象极大地阻碍了科研创新。针对这一问题，团队果断采取多项措施来促进团队内部的学术交流。首先，团队面向国家空间科学发展重大需求，利用学院与航天行业校友会的丰富资源，建立了以包为民院士为首席，以张荣桥、杨宏、张锋、于登云等航天领域大家名师为主要成员的课程团队，打造了课程与思政交融，科技与情怀共通的系列航天金课，讲述中国航天发展历程、航天尖端技术综述和空间科学前沿走向，培养研究生的探索意识、创新思维和工程能力，引导广大师生赓续红色根脉，弘扬航天精神，涵养家国情怀。其次，团队定期组织空间科学青年学术沙龙，搭建空间科学与技术领域师生学术交流平台，激励青年教师与研究生积极互动，促进学术经验和科研成果共享。此外，团队还以学术报告、专项技术研讨、实验讨论会等形式，举办研究小组间的学术交流活动，通过考评奖励政策，激励研究生在团队内分享阶段性的研究成果，通过师生间的相互碰撞、相互启发，培养研究生的独立思考能力，拓展他们的学术视野。

三、校企联动，提升创新水平

研究生是科研育人实践中接受教育的对象，也是科研主体认识与实施教育的对象，研究生自身的需求与发展是决定育人工作成败的一个重要因素。作为科研育人的客体和学习的主体，研究生是"在受动中求能动，在实然中求应然，在适应中求超越，在有限中求自由"，他们的科研态度与动机、参与时间与方式都会对其主体性的发挥产生影响。为此，MCI 导学团队通过与相关企业开展项目合作与技术交流，为研究生提供充分的实践锻炼机会。

团队与国内多家航天单位保持着良好的合作关系，如航天一院研发部、第十研究所、战术武器事业部、航天五院、航天八院、航天九院、中科院西安光学精密机械研究所等。临近空间飞行器测控及特种测量技术联合研究中心是航天一院第十研究所与我校联合创建的校所联合实验室，该实验室旨在探索高校与研究所联合开展科学研究的新模式，通过支持更多青年教师和博士生独立承担科研项目，促进多学科交叉的复合型人才培养，服务我国航空航天领域事业的发展。该实验室目前共设立 6 批次项目，资助了 30 余名青年教师和博士生，其中，有 11 名博士生已顺利毕业并进入国家核心科研单位继续工作，有 3 名青年教师获评教授，9 名青年教师获评副教授。在该实验室的大力支持下，团队先后培养了 50 余名航空航天领域的优秀研究生，其中，大部分毕业后都留在本领域继续开展研究工作。该实验室于 2017 年获批陕西省研究生联合培养示范工作站，并于 2020 年通过验收，开启了校所联合培养研究生的新模式。

四、导学共建，培育和谐文化

和谐奋进的导学文化是团队发展最深沉、最持久的动力。MCI 导学团队不仅关心研究生的日常学习和科研情况，而且关注他们的心理状态和思想动态，团队师生关系融洽、情谊深厚，形成了"师生关系亲如一家、文化生活丰富多彩"的鲜明特色。

团队负责人李小平教授和刘彦明教授常年从学业、生活、心理等多个方面关心每位研究生，他们耐心细致地帮助学生解决各类问题。师生之间不仅是学业上的导学关系，更是生活中的朋友关系。同学们即便是在毕业以后，仍然同老师保持着较为频繁的联系。团队定期组织主题党日活动和党史学习交流活动，师生共同前往红色景区研学实践，激发爱国主义情怀，团队研究生还参加了学校研究生党史知识竞赛，并荣获团体第一名，增强了团队凝聚力。此外，团队十分注重培养师生的人文素养，定期组织读书会，引导大家多读书、读好书，交流心得体会，在博览群书的过程中培养健康向上的兴趣爱好，营造出多元文化和谐共生的团队氛围。在繁忙的科研工作之余，团队还定期组织排球比赛和趣味运动会，在强身健体的同时，加深师生之间的相互了解，丰富团队精神文化生活，促进师生健康成长。

▶▶▶ 育 人 成 效

在科研创新方面，MCI 导学团队在等离子体与电磁波相互作用机理、电磁波在等离子鞘套中的散射特性、等离子鞘套模拟技术、通信与信息技术、等离子体鞘套削弱技术等领域，取得了一系列标志性研究成果，先后承担重大仪器专项、国家重大专项、技术加强 173 项目、民 973、军 973、NSFC 重点基金、国防 863 等项目，近五年获得经费支持超亿元，在国际知名期刊上发表论文 200 余篇，获授权发明专利 100 多项，先后荣获 2017 年教育部技术发明二等奖，2020 年国防技术发明一等奖。相关成果广泛应用于航天科技、中科院、中电科技等下属的二十多个研究所，多项标志性成果填补了国内相关领域空白，有力支持了深空探测、载人航天、高超声速飞行器等国家重大科技工程。

在人才培养方面，团队自 2013 年以来每年都有研究生获得国家奖学金，以及"优秀研究生干部""优秀研究生标兵""优秀研究生"等荣誉称号，2019 级硕士生田丽山荣获 2021 年研究生校长奖。团队研究生的就业率多年保持 100%，为华为、中兴、小米等通信企业输送了大量优质年轻力量，也为航天科技、航天科工、中电科技、试飞院等集团及旗下研究所储备了坚实的支援力量，为陕西科技大学、西安工程大学、西安邮电大学等高校培育了众多优秀的青年教师，同时也为军科院等国防科研单位提供了坚强的后备军。学校相关调研结果显示，团队毕业生的就业满意度远超全校平均水平。

▶▶▶ 育人工作特色

MCI 导学团队基于临近空间高速飞行器相关电磁科学领域研究，通过多个特色学科交叉融合，把一流科研平台和优质科研团队转化为专业综合实践平台和跨学科教学指导团队，形成了开放一流的创新人才培养环境。团队秉持多学科融合的创新人才培养理念，把团队教师指导和专业课选修作为强化专业知识的根本抓手，把临近空间高速飞行器相关电磁科学领域作为主要研究方向，把重点科研项目和校企联合培养基金作为重要实践平台，将综合、客观的考核评价体系作为激励措施，打造特色鲜明的复合创新型人才培养体系，促进研究生创新能力和综合素质的全面提升。

▌▌▶ 经验和启示

一、师生之间要相互尊重并建立彼此信任的良好关系

在研究生阶段，学生的身心发展趋于成熟，大部分人都有较为详细的未来成长规划，人生目标较为明确。因此，研究生往往需要自由的空间，希望在较为宽松的环境中自我成长，过多干预会引起他们的逆反心理，过多保护也不利于他们的心理承受能力、独立思考能力和奋斗拼搏意志的养成。团队尊重每一位研究生的规划和选择，并通过充分交流激发他们的主观能动性，把科研任务目标与个人发展规划有机结合，实现目标与过程的统一。导师与研究生之间的相互信任、相互尊重是科研任务完成效率和质量的倍增器。导师要根据不同研究生的性格和特长，因材施教、合理分工，设计与其相匹配的培养方案，扮演好科研引路人的角色。研究生要在虚心听取导师指导的基础上，充分发挥主观能动性，主动思考问题，做到举一反三。此外，研究生要同指导教师充分地沟通交流，不能推一步走一步，更不能一个人埋头苦干。

二、团队内部要充分交流互动并有效降低沟通成本

实践证明，沟通成本是团队科研工作中的最大成本，如何降低团队内各类信息互动交流所需的时间，提升沟通效率和信息价值，是确保团队高质量、高效率完成科研任务、培养创新人才的重要途径。一方面，团队内部要建立互动交流机制，通过微信群、共享文档等平台加强沟通，通过组织实验室组会、学术分享会等形式，帮助师生了解各自的研究进展，掌握学术前沿信息；另一方面，团队要定期组织集体活动，如春游爬山、球类运动、趣味运动会等，帮助师生增进相互了解，营造积极和谐的文化氛围，实现凝心聚力、破障前行。

▌▌▶ 师 生 感 受

团队负责人李小平：国家航天事业发展日新月异，团队要以此为基础着力激发研究生的使命感和责任感，引导他们把个人的研究工作融入集体的发展大道，不断提升发现问题、研究问题、解决问题的能力。

团队负责人刘彦明：团队所做的科研工作大多都是面向国家需求的重要项目，不仅能锻炼研究生埋头做研究的能力，还能激发他们抬头找机遇的意识。国家级大项目涉及多个领域，就像一块肥沃的土壤，极大地促进了德才兼备的高层次人才培养。

青年教师杨敏：团队平台卓越、氛围和谐，定期组织集体活动，为师生交流提供了良好平台，促进了成员之间的合作交流，实现了成员彼此成就、共同成长的目标。

毕业生刘智惟：我在 MCI 团队度过了人生中最难忘的时光，团队氛围融洽，科研工作紧张充实，还有丰富多彩的集体活动，我在团队中结识了一辈子的好朋友、好老师。

硕士生孟媛：在 MCI 团队，师生交流非常密切，大家感情都很好，各类集体活动丰富了我们的课余生活，老师们在学习、科研和生活上都给予了我们很大帮助。

撰稿人：杨敏

校稿人：霍学浩、林波

红专结合的三位一体导学团队思政育人新模式

——赛博长安导学团队

▶ 导学团队简介

赛博长安导学团队依托空天地一体化综合业务网全国重点实验室，长期致力于信息安全领域的创新研究。

团队现有导师 10 名，其中海外导师 1 名。团队负责人李晖教授自 1993 年留校任教以来，始终坚持"以人为本"的教育理念，注重人文关怀和精神扶持，为研究生成长提供适时适度的引导和充分有力的支持。团队在研究生培养过程中，始终把理想信念和道德品行教育放在首位，通过导师的导学引领，激励研究生发扬刻苦钻研的奉献精神，实现人生价值；通过培养思辨精神，帮助研究生设立问题解决能力导向，从而提升个人综合素质。

近年来，团队在"密码理论与应用""隐私计算""无线网络安全""网络与系统安全"等方向承担了国家重点研发计划、国家自然科学基金重点项目等多个重大课题，取得了一系列突出成果，培养出一大批优秀人才，成长为一支结构合理、创新能力强、充满朝气和活力的创新型研究团队。

▶ 育人背景概述

高校思想政治工作具有特殊重要性和现实紧迫性。习近平总书记在网络安全和信息化工作座谈会上指出，培养网信人才，要下大功夫、下大本钱，请优秀的老师，编优秀的教材，招优秀的学生，建一流的网络空间安全学院。《中共中央国务院关于加强和改进新形势下高校思想政治工作的意见》中指出，高校肩负着人才培养、科学研究、社会服务、文化传承创新、国际交流合作等重要使命，是巩固马克思主义指导地位、发展社会主义意识形态的重要阵地。当今世界，网络安全态势错综复杂，网络安全领域人才紧缺，网络安全阵地亟待巩固。因此，加强网络网信专业研究生的思想政治教育，就成为了建设网络强国的基础一环。

作为学校首批研究生导学思政育人机制改革创新试点团队，赛博长安导学团队积极参与研究生思政教育模式改革，以培养造就大批德才兼备的高层次网络人才为目标，探索构建研究生导学思政育人新模式和新机制，形成了以党建引领"强信念"、导师指导"筑基石"、朋辈互助"传帮带"为核心的"三位一体"导学团队思政育人新模式。通过挖掘、传承、弘扬西电"红色基因中的永恒密码"，从多个维度拓展网络空间安全人才的思政教育新思路，开创了"三好三有"育人新局面。

▶▶▶ 育人工作实施过程

一、党建引领"强信念"：将思想引领作为育人核心

赛博长安导学团队始终将思想引领作为育人核心，以党建工作为抓手和育人路径。团队定期开展组织学习和主题教育，积极参加党史知识竞赛、保密知识竞赛、红歌合唱比赛、安全知识竞赛，积极推动团队师生政治理论学习，组织线上读书会。团队以多种形式推动党建带动团队建设，引领思政工作，培养研究生的爱国奋斗精神。

(一) 理论学习引导，线上线下双空间思政融合

团队借助信息化手段，通过线上线下双空间，同步开展党史理论知识学习。通过支部党员微信群推送党的二十大相关学习资料、《中共中央关于党的百年奋斗重大成就和历史经验的决议》《习近平总书记在中国共产党成立 100 周年大会上的重要讲话》等学习资料；开展"观《山河岁月》，学百年党史"学习打卡接力活动，团队成员累计参与千余人次；组织师生集体学习党的二十大报告和党章，观看"同上党史思政大课""同上新中国史思政大课"，将党建思政教育借助网络新媒体力量融入日常思政教育中。

(二) 实践活动支撑，理论实践双维度协同育人

团队承办并参加 419 讲话五周年座谈会主题党日、"安全心、可信根、爱国魂"主题党日活动，选派党员代表赴宁夏开展党史学习实践活动、赴西安试

飞院开展研学实践活动、观看红色舞台剧《播火者》，组织党员参加全民国家安全教育日活动。团队师生积极参加"网络安全万里行"社会实践活动，先后前往广西桂林、山东青岛等地，走进校园、走进社区、走进乡村、走进企业，利用学科优势，开展形式多样的网络安全科普，宣传网络安全态势，推广国家《网络安全法》，帮助当地群众增强网络安全意识，提高网络安全技能，共同维护国家网络安全。团队积极构建"社会实践＋知识转化＋责任体验"相融合的协同育人模式，助力网络强国建设，培养出一大批具有家国情怀的网络信息安全人才。

(三) 践行模范力量，党员群众双群体榜样树立

团队深入挖掘研究生中的优秀榜样，组织各类表彰宣讲活动，打造"我身边的同门榜样"宣传品牌，发挥榜样的示范引领作用。团队 2018 级硕士生孙韵清参与了多个项目的研究工作，先后申请国家发明专利 2 项，PCT 专利 3 项，以第一作者发表论文 2 篇，其中 1 篇发表在安全领域顶级期刊上，并荣获硕士生国家奖学金，是学生中的优秀榜样。团队积极宣传她的先进事迹，推荐她作为毕业生代表在学院毕业典礼上发言，激励更多同学潜心科研。团队 2019 级硕士生谢雨航入学前曾在陕西省蒲城县支教一年，并担任学校第 21 届研究生支教团团长，先后荣获第十三届中国青年志愿者优秀个人、全国大学生西部计划优秀志愿者、渭南市优秀共青团员等称号。正式入学后，团队推荐他担任研究生第八党支部副书记和团队思政助理，带动更多同学全面发展。

二、导师指导"筑基石"：将导师指导作为育人抓手

团队坚持因材施教、多样化培养的育人理念，根据每位研究生的实际情况制订个性化的培养方案，激励研究生自主创新。同时，鼓励教师成为研究生科研和人生道路上的良师益友，在科研实践中坚守认真严谨的学术态度和一丝不苟的工作作风，以实际行动和言传身教引导研究生养成坚守诚信、刻苦钻研的意志品质。团队自成立以来先后培养了 50 余名博士生和 200 余名硕士生，学生在毕业后大多进入国内外知名高校、企业，以及国家网络安全骨干科研院所和党政机关工作，为国家网络安全事业发展贡献力量。

团队采用项目导师牵头、博士生具体辅导、硕士生分组培养的育人模式，为每位研究生提供参与国家重点研发项目的机会，通过科研实践锻炼能力、提升自我。此外，团队定期组织论文研讨班，为师生搭建学术交流平台，通过对

学科前沿热点问题进行深入讨论，激发研究生主动探索的兴趣和独立思考的意识，提高他们发现问题、解决问题的能力。

团队内部不定期组织各类专题论坛，提升研究生的自主学习能力，培养他们科学的探索精神、严谨的科研精神、规范的学术流程和创新的学术思路。团队鼓励研究生立足学术兴趣和专长，挖掘能够与其所在学科形成交叉优势的切入点，创新开展科研工作，提升他们对研究领域的兴趣和价值认同。团队成员之间独立自主，根据自身特点探索适合自己的研究方向，充分发挥各自的价值优势。依托"组间交叉"的学习模式，团队成员之间就能够相互参与到对方的研究问题中，相互启发，这种模式极大地提升了学生的研究效率，也拓展了他们的学术视野。

三、朋辈互助"传帮带"：将朋辈互助作为育人依托

团队充分发挥学长领航、朋辈互助的重要作用，以研究生生涯为轴，构建从入学到毕业的"全过程"团队建设流程，形成"传帮带"体系，营造积极向上的团队氛围，增强研究生的归属感、获得感和满意度。

(一) 开学第一课——乘风破浪的研究生

团队开展常态化"乘风破浪的研究生"创享会，为同学们解决学习、科研和生活中遇到的困难和疑惑。创享会着重从科研写作指导、项目实践提升、就业经验分享、项目协作规范等方面展开，通过团队导师指方向，师兄师姐传帮带的形式，帮助研究生快速融入团队。导师和团队兼职辅导员全程参与，不仅为同学们答疑解惑，而且也同大家探讨并完善团队的管理模式。

(二) 研途有你——健康生活系列活动

团队定期举办师生篮球赛、羽毛球赛、冬至包饺子大赛等"健康生活系列活动"，营造团队内部的文化育人氛围。每逢教师节，同学们会为老师准备鲜花与贺卡；新年将至，老师们会为研究生准备新年礼物；毕业季来临，团队会为即将远去的同学送上毕业礼物与祝福……师生之间的多元互动，极大地增强了团队活力，这些活动不仅展现了团队积极向上的精神风貌，还营造了和谐奋进的导学文化氛围。

(三) 起航人生——毕业生欢送会

团队每年举办毕业生欢送会，全体师生参加并邀请学院领导和辅导员出

席，为研究生上好"最后一堂思政课"。在欢送会上，毕业生们畅谈在团队的科研经历和成长感悟，老师们也会分享相处过程中的点点滴滴，并为同学们的未来成长之路送上嘱托和祝福。师生们分享交流的过程，也是低年级研究生了解团队、了解科研的过程，能够帮助他们更快地融入团队大家庭。

▶ 育 人 成 效

在科研创新方面，团队承担国家重点研发计划、国家自然科学基金重点项目等重大课题 20 余项，发表高水平国际期刊和会议论文 200 余篇，获授权发明专利 60 余项，先后荣获陕西省优秀博士论文奖、ASIACCS 最佳论文奖、中国通信学会科学技术奖一等奖，并与国内外多所大学和研究机构建立了合作关系。

在人才培养方面，团队研究生就业率多年来保持 100%。大部分毕业生入职华为、腾讯、中兴、OPPO、西山居等著名企业，薪资待遇远超全校平均水平。部分毕业生进入中国电科、航天科技研究院、中科院等科研院所，默默守护"第五空间"，还有部分毕业生进入国内外高校深造或就业，继续投身网络安全事业。

在社会服务方面，团队积极参加蒲城县科技扶贫工作，承接的《蒲城县金银花产业数字化建设及产业大数据管理、分析研究》项目，切实解决了当地金银花数字化产业建设所面临的问题。团队配合学院开展"一生一策"精准帮扶，以技术赋能专业教学，保障了疫情期间停课不停学。

▶ 育 人 工 作 特 色

赛博长安导学团队始终坚持"以人为本"的教育理念，注重对研究生的人文关怀和精神扶持，在培养过程中不断强化研究生的理想信念和道德品质教育，激励同学们在艰苦奋斗中实现自我价值，在奉献互助中找到人生方向，构建了"三位一体"导学团队思政育人新模式。

一是创新团队党建模式。团队以理论学习为基础、以研学实践为支撑、以榜样示范为引领。线上线下同步开展理论学习，通过集中学习读原著、悟原理，通过思想交流强信念、出真知。研学实践包括主题党日活动和"网络安全万里行"实践活动，注重涵养研究生的家国情怀。榜样示范聚焦身边人、身边事，打造多元化的榜样引领，营造比学赶帮超的良好氛围。

二是筑牢导师指导基石。团队构建了因材施教、导师负责、交叉指导的多样化培养模式。形成了导师牵头，博士辅导，分组培养的"传帮带"体系。这种培养模式拓展了研究生自主学习、科学探索、兴趣引领的自我发展的新空间。

三是激发朋辈互助力量。团队致力于打造"全过程"育人模式。通过"乘风破浪的研究生"开学第一课，帮助研究生快速融入团队，掌握科研方法；通过"研途有你"健康生活系列活动，引导师生劳逸结合，互动交流，保持积极向上的心态；通过"启航人生"毕业生欢送会，增进师生情感，营造和谐奋进的团队文化氛围。

▶▶▶ 经 验 和 启 示

一要坚持育人导向，突出价值引领。思政教育的根本在于正确的育人导向和价值引领。赛博长安导学团队深入挖掘西电"红色基因中的永恒密码"，坚持以党建带动团队建设，把红色教育融入教育教学各环节和人才培养各方面，构建科学有效的导学团队思政育人体系，培养又红又专的网络安全人才。

二要坚持实践融合，突出实干方向。理论联系实际，遵循客观规律，创新工作方法是推动事业发展的根本保证。团队在科研创新方面，坚持问题导向，着力解决国家重点"卡脖子"难题；在研究生培养方面，注重自主发展能力，建立了分组培养"传帮带"体系；在社会服务方面，鼓励师生把研究成果运用到生产实践中，并取得了显著的工作成效。

三要坚持协同联动，强化团队作用。团队定期组织团建活动，增进师生之间的沟通了解，提升团队集体凝聚力；举办论文研讨班和各类专题讨论讲座，搭建学术交流平台，培养研究生发现问题、研究问题的能力；鼓励研究生把挖掘个人兴趣特长和各自所在研究领域之间的交叉优势作为科研切入点，增加对研究领域的热爱和价值认同，提升研究生自主学习、自主研究和自主发展能力。

▶▶▶ 师 生 感 受

团队教师曹进：赛博长安导学团队始终坚持"以人为本"的教育理念，注重对研究生的人文关怀和精神扶持，为同学们快速成长创造各种条件，团队还帮助学生树立终身学习的观念以适应社会发展的需要。团队导师不断强化理想信念和道德品质教育，一方面通过言传身教培养研究生明辨是非的态度和分析问题、解决问题的能力，另一方面用良好的师德形象激励研究生以奉献精神实现自我价值，实现德才并育。

毕业生郭振洋：在校期间团队老师们的悉心指导给我留下了深刻的印象，他们不仅是我学业上的领路人，也是我生活中的指导者。在学业上，团队定期召开论文讨论会，师生平等发言、充分交流，在思维碰撞中增进智慧；在生活上，老师和我们一起打篮球、包饺子、谈理想，为我们规划职业道路。我取得的所有成绩都离不开老师们的指导和关爱，团队让我感受到了家的温暖。

硕士生谢雨航：团队让我感受最深刻的是对红色基因的传承和发扬。学院依托赛博长安导学团队创建了纵向的移动互联网安全导学第一党支部。团队创造性的将党建活动和团队活动相结合，充分挖掘并利用西电的红色资源，开展了走进西安试飞院、宁夏红色研学、观看红色话剧《播火者》等系列活动，在组织学习红色教育中凝心聚力、扬帆起航。

撰稿人：谢雨航

校稿人：张君博、罗丹

"以赛促学、以赛促研"的特色研究生培养模式

——智能感知与计算导学团队

▶ 导学团队简介

智能感知与计算导学团队隶属于西安电子科技大学人工智能学院，团队负责人焦李成教授，主要研究方向为智能感知与计算、图像理解与目标识别、深度学习与类脑计算等。团队现有教学科研人员 53 人，管理人员 4 人。其中，教授 22 人，副教授 15 人，博士生导师 27 人，硕士生导师 47 人，90% 以上教师具有一年以上海外经历。队伍建设和人才培养是团队可持续发展的基础。团队以"提高领军人才和学术带头人学术影响力，培养中青年研究骨干，构建科学研究大平台大团队"为目标，通过"吸引高水平人才加入、加强现有人才培育、保持团队人才稳定"三措并举，构建了一支年龄结构合理、团结协作、勇于创新的研究队伍，形成了以欧洲科学院外籍院士、百千万人才、万人计划入选者为领军人才，以优青、青年拔尖人才、中青年创新领军人才、海外高水平学者为中青年学术带头人，以省科技新星、香江学者、华山菁英学者为青年科研骨干的三级人才队伍体系。团队现有在读博士生 147 人，硕士生 472 人。

▶ 育人背景概述

教育是立国之本，科技是强国之路。面对日新月异的科技发展大势，面对日趋激烈的国际竞争环境，我们国家依然面临很多"卡脖子"技术问题。作为承担高校科学研究和研究生培养任务的导学团队，我们必须瞄准世界科技前沿，不断提高原始创新能力，以关键共性技术、前沿引领技术、现代工程技术、颠覆性技术创新为突破口，努力实现更多"从 0 到 1"的突破，抢占科技竞争的制高点，实现关键核心技术自主可控。

中国人工智能行业发展迅速，人工智能综合实力不断提升。中国科学技术信息研究所发布的《2021 全球人工智能创新指数报告》显示，目前全球人工智能发展呈现中美两国引领、主要国家激烈竞争的总体格局。中国人工智能创新水平已进入第一梯队，与美国的差距进一步缩小。伴随着人工智能行业的发展，人才储备已成为重中之重。2020 年，人社部的报告就曾显示，我国人工智能人才缺口已超过 500 万，国内供求比例为 1：10，严重失调。

面对国家、社会对科技创新和人才培养的迫切需要，智能感知与计算导学团队秉持"育德育人、以赛为教"的教育理念，立足智能科学与技术领域，积极开展科研创新，努力培养高层次人才，形成了"以赛促学、以赛促研"的特色研究生培养模式，培养出了一大批勇担重任的创新型人才。

▶ 育人工作实施过程

一、以服务社会为导向，引领研究生的价值追求

智能感知与计算导学团队十分重视研究生的家国情怀培育和社会责任感教育。通过组织红色校史学习，激励师生传承"艰苦奋斗、自强不息、求真务实、爱国为民"的西电精神；通过开展"不忘初心、牢记使命"的党史教育，引领师生坚定理想信念，弘扬爱国精神；通过参与服务基层、服务社会的科研项目，帮助师生了解社会、关心社会，培育奉献精神。在学习、科研和创新过程中，团队始终坚持"个性启导"的培养理念，充分尊重研究生的自主意愿，鼓励他们"大胆去做""勇闯无人区，敢做领头雁"，帮助他们树立独立思考、不畏困难、刻苦学习的意识和严谨的治学态度。与此同时，团队特别强调发挥科技创新对社会发展的促进作用，引导研究生在钻研专业的同时，把科学技术应用于对人的关怀和服务中，将一行行冰冷的代码，转化为温暖的科技作品。

2017 年，怀着帮助"渐冻人"改善生活质量的初心，团队组建了"渐冻人"智能生活辅助系统研发项目组，致力于开发一款基于眼球定位技术的智能轮椅，使得渐冻人在一定程度上实现自由出行。多年来，团队共投入 20 余名研究生进行项目研发，经过三次技术迭代和无数次功能改进，成功研发出满足"渐冻人"自主出行和生活需求的智慧生活眼控轮椅。在项目研发过程中，同学们不仅掌握了相关技术，而且还认识了"渐冻人"群体，更体会到了通过科技创新服务社会所带来的快乐。2019 年 11 月 1 日，"与你'瞳'行—渐冻人智

慧生活眼控轮椅团队"登上了中央电视台《创业英雄汇》总决赛，与全国优秀创业者同台竞技，累计获得 1360 万投资意向。此外，该项目还获得了第五届中国"互联网＋"大学生创新创业大赛国家级银奖和中国"好设计"提名奖。目前，团队正在开展第四代智能轮椅研发，并积极寻找生产合作单位，实现智能轮椅产业化生产，造福更多"渐冻人"，把温暖社会的故事不断续写下去。

2020 年初，突如其来的新冠疫情席卷全国。为了帮助学院对接帮扶单位——蒲城县孙镇洞坡小学学生有序复学返校、科学防控疫情，团队紧急研发了一套包含智能测温设备、定制化师生校园卡和校园智能管理平台的校园智能管理系统，无偿捐赠给孙镇洞坡小学。该系统采用热成像技术自动测温，可将测温时间、地点与体温信息自动上报中控平台，极大地提高了检测效率。此外，该系统还可服务于教育教学管理、宿舍管理、就餐管理和安全保卫等多个关键环节，极大地提升了校园管理智能化水平。在项目研发过程中，团队师生多次赴孙镇洞坡小学了解情况、调研需求、安装设备、部署系统、培训人员，他们不仅对农村义务教育发展情况有了全新的认识，而且还能利用所学知识为疫情防控和脱贫攻坚事业贡献力量。

二、以学科竞赛为依托，培养研究生的创新能力

置身于"大众创业、万众创新"的新时代，各类创新创业大赛已成为激励研究生将专业知识与生产实践相结合，将科学理论与社会需求相结合的重要平台。通过参加竞赛，能够激发研究生的专业兴趣和学习动力，锻炼他们的科研水平和实践能力，培养他们的创新意识和团队精神，促进研究生全面发展。智能感知与计算导学团队充分利用人工智能领域丰富的创新热点和竞赛资源，依托团队科研方向和研究成果，积极组织研究生参加各类创新创业比赛，帮助他们快速掌握相关领域知识，提升他们的科研能力、组织协调能力和抗压能力，实现"赛中学"。团队成立多个不同方向的研究小组，由科研能力突出、竞赛经验丰富的高年级博士、硕士生作为带头人，自主招募新生加入，并安排教师专门指导，构建了"以博带硕、以老带新"的竞赛指导体系。依托竞赛项目，各研究小组不断取得创新突破，进一步促进了个人能力的提升和团队科研成果的产出，实现"赛中研"。经过多年实践完善，团队形成了"以赛促学、以赛促研"的特色研究生培养模式。

国际地球科学与遥感大会(简称 IGARSS)是世界空间技术、多源遥感数据获取技术、分析处理技术和应用的最新进展集大成者，备受相关领域学者的关

注。团队依托在相关领域 20 多年的研究积累，积极组织研究生参加大会竞赛，近五年累计获得冠军 3 次、亚军 3 次、季军 3 次，其中，冠军数量达到了我国在该赛事获得冠军总数的一半。由 IEEE 主办的国际计算机视觉大会(ICCV)、国际计算机视觉模式识别会议(CVPR)和欧洲计算机视觉国际会议(ECCV)并称计算机视觉方向的三大顶级会议。参加相关竞赛能够极大地提升研究生的算法掌握和图像分析能力。近五年来，团队研究生踊跃参加相关竞赛，累计获得 CVPR 冠军 10 次、亚军 11 次、季军 7 次；ICCV 冠军 17 次、亚军 12 次、季军 6 次；ECCV 冠军 8 次、亚军 11 次、季军 4 次，极大地提升了同学们的科研创新能力。此外，团队还获得中国"互联网+"大学生创新创业大赛、"挑战杯"全国大学生课外学术科技作品竞赛和创业计划大赛、"天智杯"人工智能挑战赛等奖项 100 余项。

团队 2018 级硕士生连彦超主要从事目标检测、跟踪、图像分割以及三维点云分割研究。为了让他的研究工作与国际先进水平接轨，团队安排他参加各类国际计算机视觉竞赛，取得了一系列优异成绩。他的研究成果为地质勘探、精准农业等研究项目提供了重要方法。此后，他继续带领师弟师妹们参赛，使用深度学习与机器学习的多种算法处理策略，提出了高效的土地覆盖分类模型，并再次获奖。在此过程中，连彦超深刻认识到创新性算法大多停留在论文层面，还无法满足应用需求。由于 FPGA 比 GPU 功耗更低，目前工业上更多地在使用 FPGA 来完成相关任务。为此，他带领团队着手开展相关理论的探索和研究，立志将算法落地到 FPGA 并应用于实际场景中。功夫不负有心人，他们最终研发出更具应用价值的创新成果，并在 ICCV 比赛中经过现场测试与报告，荣获了 FPGA 赛道冠军，最终完成了从学习到创新，从理论研究到实践应用的蜕变。

三、以多元发展为引领，拓展研究生的成长视野

在导学过程中，团队始终坚持"教师导航、学长助航"的引领模式，由团队兼职辅导员组织系列研讨活动，引导研究生做好学涯、生涯规划；由团队思政助理组织学习、科研与生活经验分享会，树立榜样示范，形成朋辈互助效应。以此为基础，团队紧抓"人工智能"发展热潮，以创新精神激发专业兴趣，以国际视野指引发展方向，以关心关爱保障研究生健康成长，努力培养德才兼备的高层次人才。

团队定期组织以创新创业为主题的系列讲座，邀请团队负责人焦李成教

授、优秀校友维塑科技创始人兼 CEO 杨少毅、商汤科技元宇宙创新技术负责人孙其功等分享创新创业经验，讲述如何培养科研兴趣，如何制订发展计划等，激发同学们的创新创业热情，为开展专业学习和学术研究提供源源不断的内生动力。

团队不定期推送人工智能领域国际前沿科研进展和学术报告，每年邀请50 余位国内外顶尖学者论道讲学，连续举办 28 届学术周和多次国际会议，并与英国伯明翰大学、英国诺丁汉大学、荷兰莱顿大学、西班牙国立巴斯克大学、新加坡南洋理工大学、香港城市大学等高校建立长期合作关系。团队每年选派博士生前往国外知名高校交流学习，组织硕士生参加 MIT 暑期访学之旅项目、斯坦福&UCLA 创新探索之旅项目、香港大学"人工智能与未来科技"访学实践项目等，促进研究生博闻、博问、博学。

团队始终坚持"到学生中去开展思政教育"的理念，指导教师经常与研究生谈心谈话，并组织多元导学活动，促进师生交流，形成亦师亦友的和谐导学关系。团队深入开展学涯规划指导，帮助研究生消除科研困惑和人生迷茫，引导学生树立正确的世界观、人生观和价值观。对家庭经济困难或家庭突遭变故的研究生，团队不仅在物质上给予及时帮助，同时还积极动员指导教师和学长开展"一对一"帮扶，帮助他们解决在学习、科研和生活上遇到的困难，通过全方位关心关爱，促进研究生健康成长。

▶ 育 人 成 效

近年来，团队先后荣获国家自然科学二等奖、省部级科学技术一等奖和教学成果一等奖等奖项 10 余项；成功研制类脑 SAR 系统及原理样机等重大应用平台；联合建立 3 个国家级平台、6 个省部级科研和教学平台以及 4 个省部级创新团队；取得了一批原创性的、填补国际空白的学术成果。

2017 年和 2020 年，团队党支部两次荣获校级先进党支部称号，并入选 2020年陕西省教工委"双带头人"教师党支部书记工作室和学校党建"双创"工作样板党支部培育名单。2020 年，智能感知与图像理解教育部重点实验室团支部入选"全省高校团建样板支部"培育创建单位。团队负责人焦李成教授先后荣获全国模范教师、陕西省师德先进个人和陕西省师德标兵，团队博士生孟洋入选 2019 年陕西省"我身边的好典型"年度人物，团队孙其功博士入选2021 年"全国向上向善好青年"。

团队研究生广泛参与教育扶贫、思政扶贫，研发"风景"(PIE-Landscape)智慧农业决策支持平台，利用遥感技术和无人机拍照技术预防自然灾害，助力农作物丰收；研发 AI 校园疫情应急预警系统，服务蒲城县 10 余所学校，为万名师生保驾护航；研发"与你瞳行—渐冻人智慧生活眼控轮椅"，为"渐冻人"等罕见病人的生活带来更多的便利，实现智慧生活。

育人工作特色

团队依托电子信息和计算机技术等学科优势，确立以"智能感知用"为核心的专业特色，注重多学科交叉，将理论知识与实践完全融合、科技前沿与教学完全融合，培养适应"人工智能+"时代的创新人才。

团队确立了"国际化＋西电特色"的本硕博一体化培养体系，激发学生持续学习的内生动力。通过全方位开发创新创业思维、挖掘创新创业潜力、提升创新创业能力，将"创新创业"贯穿于学生成长全过程。

团队坚持产学合作协同育人、培养创新型人才的理念，从应用项目开发、应用型学术竞赛、创新项目研究三个方面引导和培养研究生，让研究生参与具有实际应用意义的项目开发——实现"练中学"，让研究生参加学术竞赛快速提升科研能力、加强学术交流——实现"赛中学"，让研究生主持创新项目研究、充分挖掘自身创新能力——实现"研中学"。

团队倡导"立足西电看世界"，鼓励研究生出国交流、深造，更新知识，改善知识结构，拓展国际视野，积极参与国际竞争。

经验和启示

做学术不能闭门造车。团队鼓励教师和研究生出国交流、深造，不断拓展视野，改善知识结构。团队里 90%以上的教师有国外留学或者访学经历，近五年有百余名研究生出国交流学习。团队积极搭建学术交流平台，从 2007 年起每年举办"学术之春"和"学术之秋"学术周系列活动，邀请人工智能领域国内外顶尖学者前来讲学，产生了广泛影响，形成了特色品牌。通过学习借鉴优秀专家学者的学术理念和经验，团队实现了学术多元化发展，促进了研究生个性化成长。

培养学生要有关键抓手。团队建立"教师导航、学长助航"的引领模式，

形成了"博带硕、老带新"的指导体系，通过组织研究生参加学术竞赛，培养创新思维和解决实际问题的能力，锻炼团队精神和合作能力，提升科研水平和综合素质，不断造就高素质应用型创新人才。

▶ 师 生 感 受

团队负责人焦李成：厚基础、拓视野、国际化、探未知、勇创新，一直是智能感知与计算团队培养人才的基本理念。团队将秉承"敢为天下先"的精神，坚定对国家和社会的担当，继续面向国际学术前沿，推进国际协同教育，不断提升育人质量，打造人工智能创新人才培养高地，造就更多能够改变未来的杰出人才。

博士生孙其功：在团队多年的学习成长过程中，我感受到了团队的支持、名师的指导、开阔的思维、可施展的空间和年轻人的担当。同学们不仅可以在学术前沿遨游，也可以在顶级赛事冲刺，还可以在创业路上打拼。怀揣一颗负责任的心去做事，团队就是我们最强有力的"护身盾牌"。

毕业生陈亚楠：在团队老师们的带领和指导下，我们克服重重困难，在国际竞赛中取得了优异成绩。师兄师姐们会毫无保留地将自身经验传授给有想法、有热情的同学，让创新精神得以传承。这些经验、精神不仅成为我们求职和深造的敲门砖，也为我们未来发展奠定了坚实的基础。

撰稿人：张丹、王鑫、杨育婷
校稿人：霍学浩